GOLDMANN
ARKANA

Buch

Das Leben ist der größte aller Lehrer – wenn wir beginnen, uns seiner Präsenz zu öffnen. Gelassenheit bedeutet, das Leben als Meister-Lehrer zu akzeptieren und Dinge geschehen zu lassen, ohne sich einzumischen mit fixen Vorstellungen darüber, wie sich die Situation entwickeln sollte. Kurt Tepperwein öffnet in diesem Buch den Blick für eine größere Präsenz, nach deren Gesetzen sich das Leben richtet. Er zeigt, wie wir es schaffen, mit dem Leben zu kooperieren. Wir lernen, zu erkennen, was uns an einem sinnerfüllten Leben hindert, wie wir mit Angst und Schuldgefühlen richtig umgehen und Dinge und vor allem Personen loslassen, wenn sie uns nicht gut tun. So vermeiden wir, mit dem Kopf gegen die Wand zu rennen. Wir können gelassen und mit Zuversicht der Zukunft entgegensehen und damit unser Leben in Besitz nehmen.

Autor

Kurt Tepperwein, geboren 1932 in Lobenstein, war erfolgreicher Unternehmer, ehe er sich 1973 aus dem Wirtschaftsleben zurückzog. Er wurde Heilpraktiker und Forscher auf dem Gebiet der wahren Ursachen von Krankheit und Leid. Er lehrte als Dozent an verschiedenen internationalen Institutionen, unter anderem an der Friedensuniversität in Berlin. Seit 1997 ist Kurt Tepperwein Dozent an der Internationalen Akademie für geistige Wissenschaften in Vaduz. Die von ihm entwickelte Technik des Mental- und Intuitionstrainings ist für viele Menschen unverzichtbarer Bestandteil ihres Lebens.

Von Kurt Tepperwein sind im Goldmann Verlag außerdem erschienen:

Die Geistigen Gesetze (21610)
Geistheilung durch sich selbst (11738)
Kraftquelle Mentaltraining (12141)
Jungbrunnen Entsäuerung (14207)
Der Weg zum Millionär (21551)
Bewusstseinstraining (21549)
Wunder vollbringen durch schöpferische Imagination (21642)
Gesund für immer (21703)
Von Angst zur Lebensfreude (21734)
Verwirklichen (21735)
Erfinde dich neu (21752)
Die hohe Schule des Lebens (21762)
Selbstheilungskräfte aktivieren (21769)
Die Kunst des mühelosen Lernens (10459)
Das Geldgeheimnis (16380)

KURT TEPPERWEIN

Gelassenheit

Sich dem Strom
des Lebens überlassen

GOLDMANN
ARKANA

FSC
Mix
Produktgruppe aus vorbildlich
bewirtschafteten Wäldern und
anderen kontrollierten Herkünften

Zert.-Nr. SGS-COC-1940
www.fsc.org
© 1996 Forest Stewardship Council

Verlagsgruppe Random House FSC-DEU-0100
Das FSC-zertifizierte Papier *München Super* für Taschenbücher aus dem Goldmann-Verlag liefert Mochenwangen Papier.

2. Auflage
Originalausgabe Februar 2006

Umschlaggestaltung: Design Team München
Umschlagfoto: buchcover.com/doublepoint pictures
Redaktion: Ralf Lay
Redaktionelle Mitarbeit und »Ich-bin-Formulierungen«:
Klaus Jürgen Becker
WL · Herstellung: CZ
Satz: Uhl + Massopust, Aalen
Druck und Bindung: GGP Media GmbH, Pößneck
Printed in Germany
ISBN-10: 3-442-21738-5
ISBN-13: 978-3-442-21738-0
www.goldmann-verlag.de

Inhalt

Durch die Gegenwart Gottes in mir,
die *ich bin* und die durch mich wirkt als Ich,
mache ich mir die folgenden Worte bewusst:
»*Ich bin* das Alpha und das Omega,
ich bin die Kraft, die heldenhaft die Welt durchdringt,
ich bin das Verstehen des eigenen Lebensspieles,
ich bin die Leichtigkeit und die Tiefe des Lebens,
ich bin die Verbindung aller Ebenen,
ich bin die Dankbarkeit, die mein erfülltes Leben
mit Gelassenheit und meiner Gegenwart,
die *ich bin*, segnet.«

Vorwort

Sie mögen vielleicht denken, dass jemand, der ein Buch über Gelassenheit verfasst, eine Art Gemütsmensch ist, der über den Dingen steht. Das ist aber keineswegs so. *Ich bin* ein Mensch, der sich sehr engagiert mit dem Leben auseinander setzt, jemand, der Höhen und Tiefen erlebt, die Höhen genießt und unter den Tiefen leidet – so wie Sie wahrscheinlich auch. *Ich bin* jemand, der Erfolg begehrt und Misserfolg zu meiden versucht, jemand, der unter Spannungen steht, voller Wünsche, Sehnsüchte und Widersprüche ist, aber auch voller Hoffnungen und Visionen.

Immer wieder habe ich in meinem Leben nach »Patentrezepten« gesucht, manchmal haben sie funktioniert – und manchmal eben auch nicht –, und ich habe nie aufgehört, zu suchen und zu forschen. Wie gern würden wir ein »Buch für alle Lebenslagen« kaufen oder in einer Apotheke ein pharmazeutisches Problemlösungspräparat erwerben, eine Art »Aspirintablette für alle Situationen«.

Doch das Leben hat seine eigenen Windungen und Bewegungen. Gäbe es jenes Patentrezept für ein perfektes Leben, wie wir es uns vorstellen, wäre es uns wahrscheinlich viel zu langweilig. Stellen Sie sich einmal vor, alles, was Sie sich wünschten, würde sich sofort und widerspruchslos erfüllen – könnte man in solch einem Leben wirklich glücklich sein? Nun, Richard Bach schreibt in seinem Buch *Illusionen*:

»Stelle dir das Weltall
schön und gerecht und vollkommen vor.
Dann aber sei sicher:
Das Sein hat es sich viel besser vorgestellt als du.«*

Inmitten der Spannung zwischen dem Kämpfer in uns, dem Siegfried, der »in Frieden siegen« will, und dem Troubadour, der als Gaukler durch Zeit und Raum zieht und eher spielerisch Lebensgeheimnisse offenbart und dabei einen Drachentöter zu einem Don Quixote und den Kampf des Lebens als Unfug erklärt, findet unser eigenes, reales Lebensspiel statt.

Zwischen Lebenskunst und Lebenskampf suchen wir unseren Platz in der Welt, zwischen »Laisser-faire« und Disziplin, zwischen Schöpferkraft und Schicksalsergebenheit. Hier treffen sich in uns die Schnittpunkte der Gegensätzlichkeiten von Yin und Yang, West und Ost, Fatalismus und eigener Kreativität.

Dieses Buch will helfen, inmitten all der Widersprüchlichkeiten und Spannungen, die das menschliche Leben ausmachen, eine geistige Haltung, eine Stütze,

* Richard Bach: *Illusionen*, Berlin 1978.

einen Trost, aber auch eine Ermutigung zu finden für den ureigenen Weg, für jemanden, der einzigartig ist, so einzigartig wie Sie, wie jeder Einzelne.

Siegfried, der Drachentöter, und auch die Troubadoure haben die Welt mit ihrem »Sosein« bereichert, sie haben ihre Aufgabe erfüllt. Doch wir brauchen weder ein Siegfried noch ein Troubadour zu werden, um unseren Lebenstraum zu verwirklichen, wohl aber sollten wir uns selbst erfüllen, unser Leben, unsere Reise, und zwar mit dem, *was wir sind*. Nicht mehr und nicht weniger wird von uns verlangt. Ein Leben in Gelassenheit zu leben, bedeutet in dem Sinne auch, das, was wir sind, anzunehmen, und das, was wir nicht sind, loszulassen, das Richtige geschehen zu lassen und das Falsche zu verabschieden, uns von ihm zu trennen.

Wir finden in den Teilen I bis III zu Beginn jedes Kapitels in der »Ich-bin-Formel« Bejahungen, die auf das Thema des jeweils Folgenden hinweisen:

»Durch die Gegenwart Gottes in mir,
die *ich bin* und die durch mich wirkt als Ich,
mache ich mir die folgenden Worte bewusst: ...«

Diese Formel sollte am Anfang jeder Arbeit mit den »Bejahungen« eingesetzt werden, um uns stets daran zu erinnern, dass alles, was wir sind, aus einer höheren Quelle stammt. Jene Erkenntnis ist notwendig für diese gelebte Gelassenheit, die wir suchen, wie wir im weiteren Verlauf des Buches noch sehen werden.

Auch wenn wir alle von der gleichen Quelle abstammen, sind wir doch individuelles Bewusstsein. Gelassenheit zu lernen, bedeutet in dem Sinne, das individuelle Bewusstsein als Ausdruck der Quelle individuell und damit unverwechselbar zu leben. So verstanden, will dieses Buch auch eine Hilfe zur Selbsthilfe bieten.

Erleben Sie individuell, wie sich auf diese Weise Gelassenheit in Ihrem Leben darstellen möchte und kann. Jene Selbsterforschung, die wir durchschreiten, kommt einer Pilgerreise gleich. Viele pilgern nach Mekka oder nach Medina, nach Jerusalem oder zum Kailash – wir pilgern nach innen. Das größte Geheimnis liegt nämlich in uns selbst. In dem Sinne sind wir Verbündete, wie auch die Maya sagen: »In lake'sch«, was so viel bedeutet wie:

»*Ich bin* ein anderes Du.«

Lassen Sie uns gemeinsam auf die Reise gehen!

Ihr Kurt Tepperwein

I. Alten Ballast abwerfen

Was hindert uns an einem sinn- und zweckerfüllten Leben?

Durch die Gegenwart Gottes in mir,
die *ich bin* und die durch mich wirkt als Ich,
mache ich mir die folgenden Worte bewusst:
»*Ich bin* das Wissen um die rechte Absicht,
die ihren Zweck erfüllt.
Ich bin das Kunstwerk, das durch Leben
sich gestaltet.
Ich bin das Geheimnis der Schöpfung.
Ich bin das heilige Gebet auf meinen Lippen.
Ich bin die sich selbst enthüllende Offenbarung.«

In jedem Menschen liegt die tiefe Sehnsucht verankert, sein Leben mit einem höheren Sinn und Zweck zu verbinden. Gelingt ihm dies nicht, ist er frustriert und fällt in aller Regel einer mehr oder weniger starken Sucht anheim, die nichts anderes ist als ein Synonym für eine nicht vollendete Suche. So hat das neuhochdeutsche Sprachgefühl denn auch das etymologisch unklare Wort »Sucht« mit »Suche« in Verbindung gebracht.

In jedem Menschen liegt also die tiefe Sehnsucht begründet, dass sein Leben, das er Tag für Tag lebt, einen Sinn macht, dass es einem Zweck dient. Doch nur vergleichsweise wenigen gelingt es, das tägliche »Tagwerk« mit einem höheren Sinn und Zweck zu verbinden. Die meisten beschränken ihr Dasein, salopp gesprochen, auf »Futtersuche und Paarung« und ein paar wenige sinnliche Freuden. Bei jenen sinnlichen Freuden, hinter denen wir im Allgemeinen her sind, handelt es sich aber fast immer nur um reflektierende. Und doch schaffen wir diese semantische Verbindung zwischen »Sinn« und »Sinnlichkeit«.

Das *Kamasutra*, das indische Lehrbuch der Liebe, das bereits im 4. Jahrhundert n. Chr. von dem hinduistischen Gelehrten Vatsyayana geschrieben wurde, offenbart, dass uns unsere »Sinne« in der Tat mit unserem »Sinn« verbinden können. Dann nämlich, wenn wir unsere Sinnenverbundenheit nicht einsetzen, um uns zu »sinnessüchtigen« Konsumenten »irgendwelcher« Reize zu degradieren, sondern unser Sehen, Tasten, Fühlen, Schmecken, Riechen einem größeren Prozess weihen. Jene Reflexion, die wir eigentlich suchen und die wir auch finden können, vermittelt uns nämlich eine Referenz zu einer inneren Qualität, die es zu entwickeln gilt.

Wenn wir erkennen, dass unser Wunsch nach Süßem dem gilt, sich durch die »richtige« geistige Haltung auf die »Süße des Lebens« einzuschwingen, und das Bedürfnis nach Spiritus einer Sehnsucht nach einem Geist ganz anderer Art entspricht, dann begreifen wir auch, dass unser Wunsch nach Zärtlichkeit uns dazu ermuntern soll, zart und zärtlich(er) mit uns selbst – und den anderen – umgehen zu können. Was uns an einem sinnerfüllten Leben hindert, ist die fehlende Rückverbindung (= *re-ligio[n]*) zu dem, was »da draußen« geschieht, mit inneren Werten, ebenjenem »Sinn(en)zusammenhang«.

Leben wir in jenem Sinn(en)zusammenhang, wird das Äußere die Erfüllung des Inneren, so wie die Musik, die aus dem Radio tönt, Resultat einer präzisen Einstellung unseres Empfängers ist. Unerfüllte Menschen verhalten sich wie Radiohörer, die – aus welchen Gründen auch immer – nicht »den ›richtigen‹ Sender« eingestellt haben.

Der Unterschied zwischen einem sinn(en)erfüllten und einem sinnlosen Leben findet sich somit in erster Linie nicht in dem, was wir erleben. Er findet sich in unserer inneren Haltung. Ob wir als von unseren Sinnesreizen und Bedürfnissen gejagter Jäger durchs Leben hetzen oder uns die Mühe machen, durch die »richtige« innere Haltung das, was »da draußen« geschieht, mit unserem Inneren fein abzustimmen und so in Gelassenheit und Harmonie mit unserem Selbst zu leben, liegt an uns.

Unser Körper ist auch eine Art Navigationsinstrument. Mithilfe der »richtigen« Einstellung können wir jeweils die »Wellen« empfangen, die unserer inneren Ausrichtung entsprechen. Indem wir unsere geistige Einstellung mit dem Fluss des Lebens in Einklang bringen, können wir uns jeweils auf die Ströme einschwingen, die uns im Innen wie im Außen Sinn- und Zweckerfüllung bescheren. Es sind nicht die Objekte, die uns Sinn(en)erfüllung geben, sondern der Geist, der Spirit, der durch sie repräsentiert wird.

Ein Leben in Gelassenheit erleben wir frei von Sucht und Vermeidensängsten als Möglichkeit der ständigen Rückverbindung zu den eigenen Ressourcen. In letzter Konsequenz finden wir gelebte Gelassenheit in dem Jesuswort:

> »Solches habe ich mit euch geredet, dass ihr in mir Frieden habet. In der Welt habt ihr Angst; aber seid getrost, ich habe die Welt überwunden.«*

Doch bis dahin ist es ein längerer Weg. Zwischen einem Dasein als »gejagter Jäger« und einem selbsterfüllten und damit sinnerfüllten Leben liegt eine gewisse »Durststrecke« von »vierzig Tagen Wüste«. Es ist noch kein Meister vom Himmel gefallen. Licht und Schatten unseres menschlichen Daseins wollen gleichermaßen durchlebt werden – üben wir also gemeinsam.

Die Ausrichtung unserer Ambitionen auf eine erfülltere Ebene als jene der stressgeplagten »Futtersuche« ist ebendas Trachten nach dem *Einen*, das aber ein gewisses Verstehen des Weltengesetzes, die Chinesen nennen es »Tao«, braucht, damit unsere Ambitionen uns auch die äußere Fülle bescheren, die wir suchen.

* Joh. 16, 33.

Zwischen Sucht und Fülle liegt eine Phase des Zurücknehmens von all dem, woran wir uns gebunden haben, bei dem wir an modernen Götzen kleben, die eigentlich doch nur unerkannte und verschleierte Repräsentanten des einen Geistes hinter der Form sind.

Selbst geschaffene Fixierungen, die das freie Fließen des Lebens und damit ein sinn- und zweckerfülltes Leben behindern, können sein:

- ganz bestimmte Menschen oder Menschentypen,
- ganz bestimmte Zeitpunkte in unserem Leben,
- ganz bestimmte Wohnorte oder Plätze,
- ganz bestimmte Tätigkeiten oder Verhaltensweisen,
- ganz bestimmte Dinge, Hilfsmittel, Instrumente.

Jede Fixierung hindert uns an einem sinn- und zweckerfüllten Leben. Wichtig ist es, sich dies bewusst zu machen, denn Selbsterkenntnis ist bekanntlich der erste Weg, etwas zu ändern.

Wenn wir nicht wissen, in welchen Fixierungen wir gefangen sind, können wir uns ganz einfach fragen: Wer oder was löst allein durch sein Dasein oder sein Nichtdasein ganz bestimmte Emotionen in uns aus?

Hierbei ist es nicht wichtig, ob die Emotionen, die durch moderne Götzen, Fixierungen und »selbst- oder fremdgeladene Objekte« ausgelöst sind, von uns als positiv oder als negativ eingestuft werden, ob sie Liebe, Hass, Ablehnung oder Freude in uns auslösen.

Um nicht an jenen Objekten zu »kleben«, sondern im

Leben »gelassen« agieren zu können, müssen wir die Energie, die Ladung, die wir auf sie gelegt haben, wieder ins Fließen bringen.

Wann immer etwas bei uns starke emotionale Reaktionen auslöst, sollten wir uns bewusst machen, dass es sich um ein »selbst- oder fremdgeladenes Objekt« handelt, eine Art »Tretmine«, die wir zu entschärfen haben. Wie aber lösen wir die Ladung von diesen Objekten wieder auf? Nun, am besten geht dies in der betreffenden Situation selbst.

Übung: In eine »geladene Situation« gehen

Gehen Sie in Ihrer Vorstellung bewusst in eine Situation, die für Sie geladen ist, die Begegnung mit einem Menschen, einem Ort, einer Verhaltensweise, aber nur so weit, wie Sie es gut verkraften können. Seien Sie in der Situation. Spüren Sie die Emotionen, die diese Sinnesempfindungen in Ihnen auslösen, den Klang, den Geruch, das, was Sie sehen, riechen, schmecken, fühlen.

Und dann halten Sie inne. Spüren Sie in sich hinein. Erleben Sie, wie Ihr Körper-Energie-System zu dem, was Sie erfahren, »resoniert«. Dehnen Sie sich in dieser Erfahrung aus. Erleben Sie diese Reaktion Ihres Körpers isoliert von Ihrer äußeren Erfahrung, so wie ein Wissenschaftler oder ein Zeuge eines Vorfalls die Sache beschreiben würde. Damit distanzieren Sie sich von dem Erlebten, und die »Ladung« kann sich auflösen. Sie haben sich ein Stück Gelassenheit zurückerobert.

Durch Zurücknahme der Ladungen und »Zeugesein« können Sie sich im Alltag mehr und mehr Freiheit erobern, wobei es für dieses Verfahren keine Rolle spielt, ob die »Ladungen«, die Sie angesichts der Menschen, Orte, Situationen erleben, durch Sie selbst oder von außen gekommen waren.

Der große Philosoph Sokrates (470–399 v. Chr.) ist ein Beispiel für die perfektionierte Fähigkeit des »Zeugeseins«. Er ward angeklagt, weil er die Götter des Staatskults nicht anerkenne, neue Gottheiten einführen wolle und die Jugend verderbe. Er sollte den »Schierlingsbecher« trinken, einen Trank, der unweigerlich zum Tod führt. Sokrates fügte sich dem Urteil und bat auch nicht um Gnade, denn er wollte sich und seiner Philosophie bis in den Tod treu bleiben.

Als er den Trunk zu sich nahm, beschrieb er die Symptome, die dieses Gift in ihm verursachte, in allen Einzelheiten. Er schaute selbst dem Tod gelassen entgegen.

Nun, so weit müssen wir natürlich nicht gehen. Nehmen wir einmal an, Sie treffen – falls Sie denn einen solchen haben – Ihren »Todfeind«. Für dieses Experiment »reicht« auch ein übelwollender Nachbar. Allein die Begegnung mit diesem Menschen löst in Ihnen normalerweise negative Emotionen aus. Jetzt versuchen Sie einmal, alles, was die Anwesenheit des Betreffenden in Ihnen auslöst, möglichst neutral wahrzunehmen, so wie ein Wissenschaftler ein Forschungsobjekt betrachtet. Sie werden sich nach der Begegnung, egal, wie sie verlaufen ist, ein Stück freier fühlen.

Manchmal können Sie die »Zeugesein«-Übung erst vollziehen, wenn die Begegnung beendet ist, aber Sie sollten sich dieses Erlebnis leisten. Sie werden Ihrem eigenen Geheimnis mehr und mehr auf die Spur kommen.

Indem Sie durch eine derartige Selbstbeobachtung gelernt haben, sich Ihrer eigenen Sinnesempfindungen gewahr zu werden, stehen Sie dafür ein, mehr und mehr Bewusstsein in die Interaktion mit Ihrer Außenwelt zu bringen. So »entladen« Sie Ihre inneren und äußeren Tretminen und können wieder beginnen, »wahr-zu-nehmen«, d.h., das *Wahre* hinter dem Schein Ihrer Projektionen zu *»nehmen«*. Wenn Sie dem »Todfeind« oder grantigen Nachbarn nicht mehr böse sind oder zwanghaft auf ihn »reagieren« müssen, können Sie einmal hinschauen, was er für Sie wirklich bedeutet und was nicht.

Ablehnungen repräsentieren Teile oder Bereiche, die wir in und an uns selbst ablehnen. Süchte repräsentieren Teile oder Bereiche in uns, die wir nicht erschließen können, aber so gern würden. So repräsentiert z.B.:

- der *aggressive Nachbar* die *eigene Aggressivität*, die wir nicht sehen wollen,
- die *attraktive Blondine* den fehlenden Zugang zur *eigenen Attraktivität*,
- der *unerreichbare Reichtum* einen *verstopften Zugangskanal zum eigenen Füllhorn*.

Da die Außenwelt ein Spiegel unseres Innenlebens ist, können wir die Dinge auf Dauer nur in uns selbst ändern. Versuchen wir, uns Begehrtes zu erkaufen und Widerstrebendes zu verdrängen, kommt das Problem an anderer Stelle wieder auf uns zu. Sinnvoll wird unser Wirken nur, wenn das Innere in das Äußere übergeht. Wenn wir unser Leben nutzen, um diesen Sinn(en)zusammenhang herzustellen, wird es sich auch als sinnvoll erweisen. Wir werden einen roten Faden in unserem Dasein erkennen, und eine Reihe von Erkenntnis- und Weisheitsperlen wird sich daran anknüpfen.

Es ist dann nicht so, dass nun keine unliebsamen Nachbarn mehr in unserem Leben auftauchen; und es ist auch nicht immer so, dass sich dann unmittelbar nur noch die besten Freunde mit uns an einen Tisch setzen. Vielleicht ist es eher so, dass all die Dinge, die uns geschehen, mehr und mehr ihre emotionalen Ladungen verlieren und »durch uns« geschehen können. Solange wir nicht bereit sind, die »Ladungen« in unserem Inneren aufzuspüren und unsere »inneren Atombomben« zu entschärfen, gehen wir ziemlich verkrampft durchs Leben, denn wir versuchen, die Welt an einer Stelle zu kontrollieren, an der dies nicht geht – bei anderen.

Jeder hat das Recht dazu, so zu sein, wie er ist, uns zu mögen oder abzulehnen oder was auch immer; und nur, wenn wir keine Ladungen und Blockaden mehr gegen das aufbauen, was und wie es ist, kann es frei und sinn- und zweckerfüllt durch uns fließen. Das Unangenehme zerreißt uns nicht mehr, und das Angenehme erzeugt keine Sucht mehr in uns – wir sind dann fließender, freier, gelassener geworden.

In dieser Haltung können wir mehr und mehr erkennen, dass alles, wirklich alles, was in unserem Leben geschieht, einen Sinn hat. Solange wir mit Sucht und Ablehnung beschäftigt sind, kleben wir an einem Buchstaben oder an einem Satz im Buch unseres Lebens fest. Wenn wir uns aber davon lösen können, erkennen wir das ganze Werk und sehen, wie wunderbar eins ins andere überspielt und dass auch wir geborgen sind in einer größeren Ordnung, die wir nur in dieser Freiheit erkennen können; oder wie Angelus Silesius (1624–1677) es so treffend sagte:

»Die Sonn' erregt das All,
macht alle Sterne tanzen,
wirst du nicht auch bewegt,
gehörst du nicht zum Ganzen.«

So wie »Sinn-« und »Sinnenhaftigkeit« miteinander in einer Beziehung stehen, so stehen Zweck und Überleben unserer Spezies in einer Beziehung miteinander. Die »Zweckhaftigkeit« unseres Wirkens soll unser Überleben sichern, Schmerz vermeiden, eine bessere Überlebensmöglichkeit für uns bieten.

Wir sind eingebettet in die Gesetzmäßigkeit der Natur und in das Diktat einer von Menschenhand geschaffenen künstlichen Welt. Natur und künstliche Welt vertragen sich nicht immer. Wenn die »von uns erschaffene Realität« nicht eine Widerspiegelung der Natur sein möchte, erzeugt sie in unserem Inneren unüberbrückbare Spannungen, die dazu führen können, dass wir uns selbst aufgeben und den scheinbaren Notwendigkeiten gehorchen: Wir schlagen uns auf die Seite einer artifiziellen Welt, die diesen Planeten ausbeutet, nur um immer schneller, stärker, größer zu werden – ein Bild, das an den Turmbau zu Babel erinnert.

Oder wir werden zum »Aussteiger« und scheren aus dem Kreislauf der menschlichen Möglichkeiten aus, sich die Erde »untertan« zu machen.

Eine Brücke zu schlagen zwischen dem Reich der Natur und dem des Geistes ist jedoch des Menschen Aufgabe. Er ist ein denkendes Wesen, der einzige Erdenbewohner, der über sich selbst reflektieren und damit zu sich selbst Abstand gewinnen kann. Der Mensch ist so ein Brückenbauer zu den Sternen.

»Zweckhaftigkeit« ist erst einmal ein individuelles Überlebenskonstrukt. Wir tun etwas, um zu überleben. Auch die Natur hat ihre »Zweckhaftigkeit«, und sie mutiert. So wandeln sich Tiere und Pflanzen in immer neue Daseinsformen, um den veränderten Umweltbedingungen gerecht zu werden – Dinosaurier verschwinden, neue Lebensformen werden geboren. Zusätzlich zu der biologischen Mutation haben wir Menschen die Möglichkeit, uns mithilfe unseres Denkvermögens in eine gewisse Ausrichtung zu bringen und so einen von uns erdachten Zweck zu verfolgen. Diesen Zweck müssen wir allerdings auf etwas Umfassenderes als das »kleine Ich« ausrichten. Wir müssen auch das Wohl der Gesamtheit im Auge haben.

Indem wir das Ganze mit berücksichtigen bei all unseren Überlegungen, kommen wir zu mehr Gelassenheit, weil wir wissen, dass unser Wirken vom Kollektiv getragen wird.

Die Entwicklung der menschlichen Spezies hat dramatisch an Beschleunigung gewonnen. Die Zeit der Jäger und Sammler ist freilich lange vorüber, aber auch das industrielle Zeitalter hat seinen Zenit überschritten. Im so genannten Informationszeitalter finden wir nun jene globale Vernetzung, die unsere Menschenfamilie als Einheit erkennen lässt: Telekommunikation, Satellitentechnik, Computerisierung sind Krise und Chance des Menschseins zugleich, je nachdem, ob wir den nächsten Sprung schaffen, ebenjenen ins spirituelle Zeitalter, in dem der alles verbindende Geist hinter den Dingen erkannt, gesehen und gelebt wird.

Damit das, was wir tun, auch in unserer Zeit seinen Zweck erfüllt, bedarf es jener immer feineren Abstimmung unseres individuellen Wirkens mit dem Ganzen, denn es heißt schon in der Bibel: »Was ihr getan habt einem unter diesen geringsten meiner Brüder, das habt ihr mir getan.«* Wenn wir unser Wirken mit den größeren Zyklen des Lebens, mit allem, was ist, mit dem Geist, der hinter jedem und allem steht, abstimmen, dann ist unser Tun nicht nur erwünscht, es ist ein Beitrag zum Wohle dieses Planeten.

Sie müssen allerdings kein Messias oder Präsident einer gemeinnützigen Vereinigung sein, um Ihr Wirken

* Matth. 25, 40.

zweckerfüllt mit etwas Größerem zu verbinden. Wenn Sie Bäcker sind, kann der Zweck Ihres Wirkens auch darin bestehen, Tag für Tag mit einer Vielzahl von Menschen in Kontakt zu kommen. Und wenn Sie sich dabei bewusst machen, dass das Brot, das Sie verkaufen, auch das »Brot des Lebens« symbolisiert, kann Ihr Wirken allein durch dieses Bewusstsein eine ganz neue Zweckerfüllung annehmen.

Wenn Sie Versicherungsvertreter sind und Sie haben das Bewusstsein, dass das, was Sie vermitteln, eine »Ver*sicher*ung« ist, dass Sie für die Zukunft vorsorgen, dass die Menschen sich geborgen fühlen in der manifestierten Idee eines sozialen Netzwerks, dann erfüllt auch diese Tätigkeit Sie mit einem höheren Sinn.

»Spüre dem höheren Sinn und Zweck
deiner täglichen Arbeit nach,
und ein Lichtstrahl
durchdringt deinen Tag.«

Erni Sandhaas

Auch wenn Sie »Aufreißer« am Badestrand von Playa del Inglés oder von »Ballermann 6« sind, können Sie Ihr Dasein mit der »Zweckhaftigkeit« verbinden, Menschen zu öffnen und Schönheit und Attraktivität aus ihnen hervorzubringen – so erkennen Sie, dass nicht das, was Sie tun, sondern wie und mit welcher Bewusstheit Sie es tun, entscheidend ist für den Sinn Ihres Schaffens.

Wie werden wir offen für Neues?

Durch die Gegenwart Gottes in mir,
die *ich bin* und die durch mich wirkt als Ich,
mache ich mir die folgenden Worte bewusst:
»*Ich bin* das sich ständig erneuernde Vertrauen
in das Leben.
Ich bin der sich ständig erneuernde Bund
zwischen ›ihm‹ und mir.
Ich bin die Zuversicht, die sich selbst erneuert.
Ich bin der Lebenswille, der die Vergangenheit
überwindet.
Ich bin der Mut zum Leben in ›seiner‹ Gegenwart.«

Wie geht es uns, uns »ganz normalen Menschen«, die irgendwo mitten im Erwerbs- oder Familienleben stehen? Ist unser Leben wie eine Eisenbahnstrecke, auf der alles seinen gewohnten Gang geht bis eben hin in jene greisen Jahre? Stressen wir uns im Druck und Sog der Zeit? Oder haben uns die Erschütterungen und Schocks der Unvorhersehbarkeit des Lebens bereits so weich gekocht, dass wir wirklich nur noch auf Zehenspitzen durch die Welt schleichen in der vagen Hoffnung, es mehr oder weniger sicher bis zum Ende zu schaffen?

Wir leben in einer Gesellschaft, die projiziert und Maßstäbe setzt, einer Gesellschaft, die in der Vergangenheit und in der Zukunft lebt und in der es das Jetzt nicht zu geben scheint. Neben den gesellschaftlich geschaffenen Projektionsströmen gibt es aber auch jenen großen Strom des *Jetzt*, der uns so annimmt, wie wir *nun* sind. Das Leben ist ständig neu und spannend. Doch leider sind wir nur selten bereit, jenen Tanz des Neuen zu akzeptieren, uns darin einzugliedern. Einen möglichen Grund dafür finden wir in unserer Art zu denken.

Unsere »Denkmaschine« ist darauf trainiert, Schmerz zu vermeiden, das Überleben sicherzustellen und, soweit dies in dem Rahmen möglich ist, Freude zu suchen. Sie tut dies, indem sie alle Erfahrungen der Vergangenheit auswertet, sich quasi eine Matrix zurechtlegt – »Das hat funktioniert, das hat nicht funktioniert« – und diese Matrix mit emotionalen Ladungen belegt, die aus den Erfahrungen der Vergangenheit herrühren.

Doch statt Freude zu finden, werden viele Menschen im Laufe der Jahre auf diese Weise immer resignierter und verkrampfter, nicht lebensbejahender und gelassener. Dies liegt daran, dass das Leben ein ständiger Fluss ist, der sich nicht in starre Einzelbilder »zerschneiden« lässt. Durch die Fixierung unseres Bewusstseins auf Vergangenes und die Projektion auf die Zukunft verneinen wir immer mehr den großen Geist des Lebens, der sich ständig selbst in der Gegenwart neu gebiert.

Wir sagen lieber »Nein, nein, nein« zum wirklichen Leben, bis wir am Ende das Ultimatum des großen »Neins« in der physischen Form des Todes erleben, doch eine große Zahl von Menschen sind vor ihrem wirklichen Ableben schon innerlich gestorben. Einer Legende zufolge sollen wir Menschen in früheren Zeiten bis zu tausend Jahre alt geworden sein, aber die Götter gebeten haben, eine Art »Todeshormon« in uns einzupflanzen, da wir die Tragik des Lebens und des Sterbens nicht so lange aushielten… In der Tat erneuert sich unser Körper alle sieben Jahre vollkommen; und gäbe es nicht jenes »Alterungs- und Todeshormon«, das in uns Degeneration auslöst, könnten wir möglicherweise so alt wie Methusalem werden – wer weiß?

Die Schmerzen der Vergangenheit und auch die verflossenen Genüsse, an denen viele Menschen innerlich festhalten, haben so starke Spuren und Narben in ihrer Seele hinterlassen, dass sie nicht »auf ein Neues« an einer Erweiterung ihres Erfahrungsschatzes teilhaben wollen. Sie möchten lieber an ihren Erinnerungen an die Vergangenheit festhalten und dem Kreislauf wiederholter Schmerzen und der Enttäuschung nach erneuten vergänglichen Freuden entgehen, indem sie sich das »Abenteuer Leben« nur noch im Fernseher anschauen und darüber hinaus lediglich den Verpflichtungen eines eingefahrenen Daseins nachkommen, das wenig Abwechslung zulässt.

Statt aus der Vergangenheit Weisheit zu destillieren, um sich mit erweitertem Bewusstsein wieder neu und unvoreingenommen dem Leben zu öffnen, entwickeln wir Vermeidungsstrategien in Form von Urteilen. Diese sind uns oftmals nicht bewusst, sie sind subtil, aber, obwohl unsichtbar, freilich nicht unwirksam. Sie steuern – unbewusst – unser Leben. Es handelt sich dabei nicht nur um mehr oder weniger berechtigte und sinnvolle Bewertungen wie »Das war aber ein Pech, das versuche ich nie wieder« oder »Der ist böse, dem trau ich nicht mehr«, jeder Form von Vermeiden liegt ein Urteil zugrunde.

In der deutschen Sprache haben wir die Möglichkeit, den Begriff »Urteil« in einem Wortspiel als einen »Teil« des »Ur(sprungs)« zu betrachten. Mit jedem Urteil »teilen« wir die Wirklichkeit in Wünschenswertes und nicht Wünschenswertes. Wir verurteilen uns selbst, wir verurteilen unsere Vergangenheit, wir verurteilen den anderen, und wir verurteilen das Schicksal wegen Dingen, die uns geschehen sind, und ebenjenes Urteil(en) hindert uns daran, das Leben ständig neu und spannend und unvoreingenommen wahrzunehmen.

Die Erwartung, die wir mit unserem Urteilen verknüpfen, ist möglicherweise die, dass wir, wenn wir denn nur genug »urteilen«, irgendwann genau die richtigen »Teilchen« erwischen, die uns glücklich machen. Doch leider oder besser gesagt Gott sei Dank ist das Leben nicht festgefahren, sondern es ist ein Fluss. Wer sich also an seine »Urteilchen« hängt, bleibt an ihnen kleben, er kann nicht frei und offen für das Neue sein, das ständig unberechenbar ist.

Die Strategie der Vermeidung und des Urteilens ist also nicht geeignet, um uns für Neues zu öffnen. Im Gegenteil: Mit jedem Urteil(chen) bauen wir einen Filter nach dem anderen vor unsere Wahrnehmung und schränken die Möglichkeit, am Lebensstrom teilzunehmen, mehr und mehr ein. So wird der Rahmen, durch den wir ins Leben schauen, immer enger.

Dadurch entfernen wir uns immer mehr von der Quelle, vom »Ur-sprung«, also dem Bereich, aus dem die »Ur-sachen« kommen, und »werden zur Wirkung«. Das bedeutet, dass alles und jedes in uns Wirkungen auslösen kann, alles und jedes kann uns zappelig oder depressiv machen, je nachdem, welchem unserer vielen »Urteilchen« es gerade entspricht.

Es ist ein weit verbreiteter Fehlglaube, Urteilen brächte uns näher zu unserer Quelle, zu dem *Einen*, zum Ursprung. Jener Vorgang des Absonderns, den wir »Urteilen« nennen, ist in Wahrheit die Wurzel aller »Sünde«. Die Mystikerin Erni Sandhaas (ehem. Wurzenberger) sagte einmal treffend:

> »Die einzige Wurzel deiner Sünde ist,
> dass deine Göttlichkeit du stets vergisst.«

Durch unsere Trennung in »gut« und »böse«, durch die Ladungen unserer »Urteilchen« in »wünschenswert« und »nicht wünschenswert« sind wir emotional manipulierbar. Und wir leben in der Vergangenheit mit der Projektion auf eine Zukunft, die nie so stattfindet, wie wir sie uns vorstellen.

Um aber jenen Effekt zu erreichen, den wir anstreben, müssen wir uns mit der »Quelle«, mit dem »Ursprung« verbinden, dem Bereich, von wo aus die verschiedenen

Bewusstseinsströme sich steuern lassen. Der »Ursprung allen Seins«, »Gottvater«, das »Tao« oder die »Gegenwart des ›Ich bin‹« sind verschiedene Namen für jene *eine* Kraft, mit der wir uns verbinden und aus der heraus wir leben können.

Solange wir noch an »Geschaffenem« kleben, werden wir weder Lebenskreativität noch Lebenskunst entwickeln können, denn das Geschaffene ist ja bereits da, Leben aber gebiert sich ständig neu. Ein Leben, das ständig nach Geschaffenem trachtet und so die Vergangenheit wiedererleben will, ist deshalb ein Leben aus »zweiter Hand«. In der Heiligen Schrift heißt es:

»Siehe, *ich* [*bin* und] mache alles neu.«*

Davon, dass wir urteilen sollen, ist meines Wissens nirgendwo die Rede.

Schauen wir in die Augen eines Kleinkinds, sehen wir seine Offenheit gegenüber der Welt. Als Kinder waren wir noch optimistisch, doch uns fehlte die notwendige Erfahrung. Als Erwachsene haben wir die notwendige Erfahrung, aber vielen von uns fehlen der Optimismus und die Offenheit eines Kleinkinds.

Erst im Alter gibt es bei manchen wieder jene reflektierende Offenheit, dann, wenn man aus dem Kreislauf des Überlebenskampfes und der Bedürftigkeiten ausgeschieden ist und sich aus dem Berufsleben zurückgezo-

* Offb. 21, 5.

gen hat. Doch dann ist das Leben oft mehr oder weniger kurz vor dem Ende. Und auch jene Offenheit ist fast die Ausnahme, denn Altersstarrsinn und Rechthaberei sind bei Greisen genauso zu finden wie Vergangenheitstraumata und unerlöste Fixierungen an längst vergangene Lieben – so viele Sterbende tun sich mit dem Loslassen zu schwer.

Gelassenheit aber erreicht man durch das Loslassen. Loslassen können wir getrost die Vergangenheit, sie kommt nie mehr wieder. Loslassen können wir auch die Projektionen auf eine mögliche Zukunft, sie ist noch überhaupt nicht da. Der einzige Augenblick, der wahrhaftig existiert und in dem wir Neues erleben können, ist *jetzt*; und ebendieses *Jetzt* können wir nicht sehen, wenn Erfahrungen der Vergangenheit und Projektionen in die Zukunft uns »Tomaten auf die Augen« setzen, wir schließlich »Blindekuh spielen« infolge eines Scheuklappendaseins, bei dem wir mit jedem Jahresverlauf die Klappen ein wenig enger stellen, schlimmstenfalls immer kleinkarierter werden, uns immer mehr in Starrsinn ergehen, statt die Freude an der Schönheit des Wechsels zu genießen.

»Alles fließt«, sagte Heraklit (544–480 v.Chr.), alles bewegt sich im Wandel der Zeit. Und auch die Weisheit, dass man nicht zweimal in denselben Fluss steigen kann, soll von ihm stammen. Denn wenn man das zweite Mal an den Fluss kommt, ist das Wasser weitergeflossen, es ist bereits ein anderes Wasser an derselben Stelle. Könnten wir vielleicht noch weiter gehen und sagen: »Man kann nicht *einmal* in den gleichen Fluss steigen«, vielleicht deshalb, weil das Wasser schon während des Bades ein anderes geworden ist?

Wir haben eine fixe Identität, heißen etwa Karl Müller, sind 1975 geboren und 1,82 m groß usw.; doch diese Etikettierung sagt nichts über den Prozess unseres Lebens aus. Jede Sekunde sterben Körperzellen, und neue werden geboren, jede Sekunde machen wir neue Erfahrungen und neue Erkenntnisse, werden wir ein anderer. (Außerdem *sind* wir nicht Karl Müller, sondern *Bewusstsein*, das durch »Karl Müller« wirkt, Karl Müller ist nur der Name, mit dem der Körper, durch den er wirkt, gekennzeichnet wird.)

Ähnlich wie diese fixen Daten keine realistischen Aussagen über den Prozess unseres Lebens machen, passen viele Verhaltensmuster, die sich im Laufe unseres Daseins manifestiert haben, nicht zu unserem wirklichen Leben. Doch wenn wir uns als achtsame Wesen, als Ausdruck von liebendem Bewusstsein verstehen, der mit der Entwicklung des Lebens Schritt zu halten imstande ist, erkennen wir, dass nicht nur die Welt, sondern auch wir ständig neu und anders sind, dass auch wir uns weiterentwickeln – wie alles auf der Erde.

Dieses Neue, das wir ständig sind, fließt im Strom der Jetztzeit, frei von Vergangenheitstraumata und Zukunftsprojektionen. Als bewusst werdendes Wesen, das wir sind, haben wir individuell stets die Möglichkeit, im Strom der Jetztzeit aus dem Bewusstsein der Gegenwart heraus zu leben und so das Neue, das, was sich *jetzt* zeigt, zu erfahren und zu feiern.

Wird es richtig verstanden, ist da kein Widerspruch

zwischen einer Teilnahme an einem gesellschaftlichen und auf die Zukunft projizierenden Leben mit seinen ganz bestimmten Erfordernissen und einer individuellen Freiheit im Jetzt, wenn wir uns stets erinnern, wer wir sind, und die Schönheit des Morgen nicht durch die Einschränkungen des Gestern und seiner Urteile und Bewertungen fixieren.

Offen für Neues zu werden, bedeutet somit, selbst ständig neu zu werden, ein Neuer zu werden. Dies können wir, wenn wir das Leben als Instrument der Selbsterfahrung führen, wenn wir dem Leben erlauben, uns erfahren zu lassen, was es heißt, »ich selbst« zu sein.

Wenn wir es beispielsweise aufgeben, ständig nur »gut ausschauen« zu wollen, entgehen wir der Gefahr, Potemkin'sche Dörfer zu bauen, die Existenz als Hollywoodfassade einer Geisterstadt zu führen, die nur von außen reizvoll aussieht. Wenn wir uns erlauben, zu sein, »wie wir gerade sind«, verschwinden auch viele Spannungen zwischen dem, was »ist«, und dem, was unserer Meinung nach »sein sollte«; wir können dann gelassener den Tatsachen ins Auge schauen und die Dinge so nehmen, wie sie sind.

Offen für Neues zu sein, ist gleichzeitig die Weihe des eigenen Lebens an eine höhere Bezugsquelle. Alles, was Ihnen geschieht, ob angenehm oder unangenehm, ob »verrucht« oder heilig, kann Sie erfahren lassen, wer Sie sind, ebenso wie die Göttlichkeit des Funkens, der in Ihnen und allem, was ist, hinter dem Schein verborgen liegt.

Wenn Sie die Erfahrungen der Vergangenheit als Bewusstseinsreize ansehen, damit Sie lernen, zu wachsen, sich zu erinnern, wer Sie sind, dann können Sie sie leicht und dankbar loslassen und sich durch ein Erfahrungsspektrum von »allem, was ist« helfen lassen, mehr und mehr Ihren unsterblichen Ursprung, das, was unwandelbar ist, zu entdecken.

Wir sind offen für Neues, indem wir uns bewusst machen, wer wir sind: Wir bestehen nicht aus Fixierungen und Blockierungen, unveränderlichen Erfahrungen und Emotionen, wir sind Bewusstsein. Der Körper und die energetischen Phänomene, die wir erleben, sie alle sind »nur« ein Beitrag zur Erfahrung unseres wahren Selbst. Indem wir dieses Leben und alles, was uns in ihm widerfährt und was wir gestalten, ebenjenem Höheren weihen, der Erfahrung unseres Selbst, sind wir ständig offen für das Neue, die Gegenwart, die mit dem Göttlichen in uns in Resonanz zu treten sucht.

Am Eingang des Tempels von Delphi stand geschrieben: »Erkenne dich selbst…« Aber damit ist der Satz noch nicht zu Ende, denn weiter heißt es: »…damit du Gott erkennst.« Wenn wir erkennen, dass das Leben und das Neue, das ständig *jetzt* geschieht, ebendie Schule des *Einen* sind, durch die wir uns selbst erkennen können als das Ebenbild *seiner* Gegenwart, sind wir ständig offen für das Neue und können unser Festhalten an dem »Verweile doch, du bist so schön« ebenso loslassen wie unsere Befürchtungen und Ängste.

Das nachfolgende Sinnbild kann helfen, sich auf eine Ebene einzustimmen, die uns durch Vergegenwärtigung unserer wahren Natur ermöglicht, sich mehr und mehr dem zu öffnen, was *ist*, und loszulassen, was nicht ist. Rufen wir uns dies jeden Morgen ins Bewusstsein, damit wir nicht als Emotion, als Vergangenheitstrauma oder als gestrandete Erfahrung in persona, sondern als liebendes Bewusstsein durch einen erfüllten Tag gehen.

Sinnbild Nr. 1: Loslassen, was ich *nicht* bin

Ich bin die Gegenwart göttlichen Bewusstseins,
geboren aus der Quelle des Vaters,
bereit und in der Lage, sich alles Erdenklichen gewahr zu sein, und in völliger Toleranz, Akzeptanz und Liebe,
alles, *was ist,* zu erlauben, zu durchdringen und loszulassen.
So wie Wasser den Basalt durchdringt,
indem es ihn erlaubt und danach weiterfließt,
so durchdringe ich als das Bewusstsein, das *ich bin,*
die Spielebenen von Zeit und Raum,
die durch mich fließen und durch die ich fließe,
dort, wo ich als Repräsentant des *Einen* wirkend wirke.

Ich bin ewig, ich war immer,
und ich werde immer sein.
Und dafür bin ich dankbar.
Ich bin eine Offenbarung der göttlichen Gegenwart,
wirkend in Zeit und Raum, wirkend im *Jetzt.*

Der physische Körper, durch den ich wirke, und die Sinne
Sehen, Tasten, Fühlen, Hören, Schmecken, Riechen
sind nicht die göttliche Gegenwart, die *ich bin*.
Mein Körper ist mein Instrument,
durch das ich wachsen und reifen kann
an Bewusstsein, an Harmonie, an Liebe.
Ich danke meinem physischen Körper,
dass er mir zur Verfügung steht und dass er ist,
wie er ist,
und durchdringe ihn mit meinem Segen.

Die Energieprozesse, durch die ich resoniere,
Spannungen, Entspannungen, Sensitivität,
sind nicht die göttliche Gegenwart, die *ich bin*,
sie sind Rezeptoren, Navigationsinstrumente,
die mir helfen, alles, was *ist*, in Harmonie zu bringen,
auf jenes Einssein auszurichten,
das mir die gottdurchdrungene Wirklichkeit enthüllt.
Ich danke meinen Energieprozessen und meiner
Sensitivität,
dass sie mir zur Verfügung stehen und dass sie sind,
wie sie sind, und durchdringe sie mit meinem Segen.

Die Emotionen, die ich fühle,
Liebe, Trauer, Seligkeit,
sind nicht die göttliche Gegenwart, die *ich bin*,
sie sind wie die Wellen der Zeit,
die mich in Bewegung halten und mit deren Hilfe
ich Mitgefühl mit allen Wesen, auch der Göttlichkeit in mir,
entwickeln, finden und erleben kann.
Ich danke meinen Emotionen,

dass sie mir zur Verfügung stehen und dass sie sind,
wie sie sind, und durchdringe sie mit meinem Segen.

Die Verstandesnatur, durch die ich denke,
Gedanken, Konzepte und Mentalstrukturen,
sind nicht die göttliche Gegenwart, die *ich bin*;
sie sind meine Instrumente der Kreativität,
durch deren Hilfe ich höhere Daseinsebenen
kontakten kann, um das Netzwerk einer höheren
Wirklichkeit hereinzubringen,
einer stofflich-materiellen Welt durch Worte Form zu geben.
Ich danke meinem sich ständig »prozessierenden«
Verstehen,
dass es mir zur Verfügung steht und dass es ist,
wie es ist,
und durchdringe es mit meinem Segen.

Die Erfahrungen, die ich habe,
Bilder, Erinnerungen, gelebtes Leben,
sind nicht die göttliche Gegenwart, die *ich bin*.
Sie sind meine Vorratsschätze, das Blei der Erde,
aus dem das Gold der Weisheit durch die Zutat
liebenden Bewusstseins, das *ich bin*,
sich selbst gebären kann.
Ich danke meinen Erfahrungen,
dass sie mir zur Verfügung stehen und dass sie sind,
wie sie sind,
und durchdringe sie mit meinem Segen.

Ich nehme bewusst mein Wirken in Zeit und Raum an.
Ich nehme bewusst mein Wirken durch den Körper an.

Ich nehme bewusst mein Wirken durch die
Energieresonanzen an.
Ich nehme bewusst mein Wirken durch die Wellen
der Emotionen an.
Ich nehme mich bewusst als Bestandteil einer
kollektiven Welt an.
Ich nehme bewusst mein Bedürfnis an,
mich zu formulieren.

Ich nehme bewusst meinen Wunsch nach Stille und
Einsamkeit an.
Ich nehme bewusst mein Mitwirken am
Erfahrungsschatz der Erde an.
Ich nehme bewusst die Möglichkeit an,
mich von jedem und allem zu distanzieren und
mich auf mein Selbst zu besinnen,
so wie ein Spiegel die Bilder loslässt,
die sich in ihm spiegeln.

Ich nehme mich selbst an, so wie *ich bin,*
mit allen bewussten, unbewussten und unterbewussten
Inhalten von Körper, Seele und Geist.
Dies befreit mich von der Verhaftung an die eine oder
andere »Formnatur«
und ermöglicht es mir, mich wieder als den reinen
Spiegel göttlicher Gegenwart zu erleben, der *ich bin,*
fähig zum Gewahrsein und Bewusstsein.
Dafür bin ich dankbar.

Ich liebe mich selbst, wie *ich bin.*
Ich bin glücklich, ein *Selbst* zu sein.

Über den Umgang mit der Angst

Durch die Gegenwart Gottes in mir,
die *ich bin* und die durch mich wirkt als Ich,
mache ich mir die folgenden Worte bewusst:
»*Ich bin* bereit und in der Lage,
mir die Ängste anzuschauen,
die um mich sind, und sie in Liebe umzuwandeln.
Durch die Gegenwart Gottes, die *ich bin*,
will ich meine Ängste annehmen und in Liebe prozessieren,
statt sie zu bekämpfen und vor ihnen wegzulaufen.
Ich bin die Ruhe in dem Sturm. *Ich bin* die Kraft,
die aus der Tiefe heraus die Stille des
Ozeans gebiert.«

Das Wort »Angst« gehört im Sinne von »Enge, Beklemmung« zu der indogermanischen Wortgruppe von »eng«.* Wir sind Bewusstsein, das aus der Gren-

* Lat. *angustiae* = »Enge, Klemme, Schwierigkeiten«. Vgl. auch Kurt Tepperwein: *Von der Angst zur Lebensfreude*, München 2006.

zenlosigkeit in Zeit und Raum getreten ist. Dieses Bewusstsein wirkt durch eine »enge« physische Form, einen menschlichen Körper, dessen erstes »Modell« die Kabbalisten und Metaphysiker »Adam Kadmon« nennen.

Wir als Bewusstsein wirken also durch einen fleischlichen Körper mit zwei Armen, zwei Beinen, zehn Fingern, zehn Zehen usw. Wir wirken in einer polaren Welt, was sich u.a. in zwei Augen, zwei Nasenlöchern, zwei Geschlechtern widerspiegelt, sind jedoch dazu berufen, Einheit auszudrücken, deshalb haben wir zwei Ohren, doch nur einen Mund. Diese Einheit aber muss durch uns erst geschaffen werden.

Patanjali (2. Jahrhundert v.Chr.), der Begründer einer Philosophie des Yoga, sagte, der Mensch sei keine Einheit, sondern ein Konglomerat an Neigungen, Wünschen, modern ausgedrückt »inneren Aspekten«. Die Psychologie spricht davon, dass eine ganze Reihe »innerer Personen« in unserer Persönlichkeit vorhanden sind. Je mehr sich der Mensch in seiner Komplexität entwickelt, ihr auf die Spur kommt, umso mehr erkennt er seine eigene Vielgestaltigkeit. Aus dieser Vielgestaltigkeit soll eine Einheit geformt werden, und der Weg, wie die Natur dieses Bestreben fördert, ist ein Druck, den sie in und durch uns erzeugt. Ähnlich wie Kohle durch Druck zum Diamanten werden soll, so soll durch den Druck, unter dem wir stehen, der innere »Seelendiamant« erstehen. Druck aber erzeugt stets Enge, und ebenjene Enge schafft Angst.

Das erste Mal wurden wir mit dieser Angst konfrontiert, als wir in den Geburtskanal kamen. Rebirther* behaupten, dass durch die »Wehen« die Seele in den Körper einmassiert wird. Dadurch wird in uns Enge erzeugt, und die erste Konfrontation mit der Angst erfolgt. Angst ist der Druck der Enge.

Während das Bewusstsein ohne unser physisches »Vehikel« unendlich weit ist (manche Mystiker sprechen davon, dass wir in unseren Körper eingepresst sind wie ein »Geist in der Flasche«), ist es im Körper sehr komprimiert. Und es begegnet in dieser Kompression dem Druck der Welt, Termindruck, Erwartungsdruck, der Kommunikation mit völlig anderen Bewusstseinsinhalten, anderen Menschen, mit denen wir uns ständig »reiben« oder die uns einzuschränken drohen.

Wer ein Vorhaben verwirklichen will, muss durch den Prozess der Angst gehen, sonst wird sich sein Projekt nicht manifestieren, sondern es bleibt ein Luftschloss. Wer eine Firma gründen will und sich nicht dem Termindruck, Finanzdruck, dem Druck des Marketings und Verkaufs, dem Druck der Kalkulationen usw. zu beugen bereit ist, der wird vermutlich schnell pleite sein, oder

* Das englische Wort *rebirth* heißt »Wiedergeburt«. Bei dieser spirituellen Form der Psychotherapie mit bestimmten Atemtechniken, etwa der Hyperventilation, sollen körperliche und spirituelle Erfahrungen durch das erneute Erleben prä- und perinataler Störungen gemacht werden, und zwar mit dem Ziel, durch das Geburtstrauma erlittene Schmerzen zu verarbeiten. Informationen über Rebirthing erhalten Sie u.a. in *Das Rebirthingbuch. Die Kunst des Atmens…* von Leonard Orr und Konrad Halbig (Burgrain 1996), Anleitung zur Heimanwendung (Fachbuch und Trainingskassette: *Atem Ekstase* [Essen o.J.]) von Burkhard Schröder.

seine Produkte werden sich auf dem Markt nicht durchsetzen können, weil sie eben nicht durch jene Geburtswehen gegangen sind, weil man Angst hatte, sich mit der Konkurrenz auseinander zu setzen, zu feilschen, mit den Beschäftigten über die Arbeitsbedingungen verhandeln zu müssen usw.

Wer einen Partner ehelichen will, d.h. mit ihm die »hohe Zeit« (= Hochzeit) anstrebt, aber nicht bereit ist, sich dem Druck der täglichen Auseinandersetzung und Reibung auszusetzen, sondern das Familienleben stattdessen lieber auf die »drei F« (Fernsehen, Filzpantoffeln, Flaschenbier) beschränkt, der wird durch diese Ehe nie die Einheit, die er sucht mit sich, dem Partner und dem *Einen*, verwirklichen können. Es wird stets ein Nebeneinander-Herleben bleiben, weil man Angst hat, Angst vor den Reaktionen des anderen, Angst, dumm dazustehen, Angst, sich danebenzubenehmen, Angst, ausgelacht zu werden, usw. – statt dass man durch die Angst hindurchgeht und gemeinsam daran wächst.

Zu jeder Partnerschaft gehört Angst, denn was ist eine Partnerschaft anderes als eine freiwillige gegenseitige Einschränkung auf ein ganz bestimmtes Referenzsystem, auch wenn diese Begrenzung einer Erweiterung ganz anderer Art dienen soll – der Geburt der Liebe auf dem gemeinsamen Weg?

> »Wandrer, heiße alle Ängste schweigen,
> niemals fällst du aus der Schöpfung Schoß,
> bist ein Sohn in seinem Erb und Eigen,
> und dein Erbe ist unermesslich groß.«
>
> *Werner Bergengruen*

Der Druck der Angst fordert uns zu einem Erkenntnisschritt heraus. So ist Angst auch zugleich das Signal für eine innere Herausforderung, eine seelische Aufgabe, die sich durch eine äußere Situation zeigt. Die seelische Herausforderung offenbart sich in der symbolischen Übersetzung der Angst:

- *Flugangst* ist Angst vor dem Loslassen und dem Sichüberlassen an den »inneren Piloten«. Der Druck zeigt sich in dem Eingesperrtsein in den »Bewusstseinsvogel«, der die Erdenschwere überwinden möchte.
- *Angst vor der Öffentlichkeit* offenbart sich als Angst davor, gesehen zu werden, »wie man ist«. Der Druck zeigt sich in den Projektionen und möglichen Meinungen und Reaktionen der anderen auf das eigene Erscheinen.
- *Angst vor dem Halten eines Vortrags* offenbart sich als Angst vor dem eigenen Ausdruck. Der Druck zeigt sich in der Interaktion der eigenen Kreation mit dem Kollektiv, in dem »Einmassieren« der eigenen Gedankenformen in die Bewusstseinsfelder des Du.

- *Angst vor dem Tod* ist in Wahrheit gar keine Angst vor dem, was uns jenseits des Stofflichen erwarten mag, sie ist Lebensangst in komprimierter Form. Der Druck zeigt sich in der Notwendigkeit, mit Reizreaktionen des Körpers zu agieren, die sich an das Leben klammern.

Wenn wir Angst verdrängen, dann laufen wir vor ihr davon. Die Konsequenz ist, dass wir immer »lascher« werden, weil wir die Geburtskanäle des Lebens scheuen, wir werden zu jenen Lauwarmen und Jasagern, die, so sagt es das Bibelwort, ausgespien werden. Oder wir werden zu gefühllosen Erfolgsrobotern, die nicht mehr in Tuchfühlung mit dem Leben agieren, sondern die Schöpfung und damit sich selbst vergewaltigen. Wenn wir Angst verdammen, verdammen wir damit auch das Leben und alles, was es zum Inhalt hat, Geburt und Tod, Leid und Freude. Abkapselungen von Angst schaffen in uns Klumpen, züchten geistigen, seelischen oder körperlichen Krebs.

Angst ist also nicht dazu da, um verdammt oder verdrängt zu werden, sie ist ein Entwicklungshelfer, den wir nutzen können.

Denn wie gesagt: So wie der Druck der Erde Kohle dazu anregt, die Leuchtkraft eines Diamanten, der das Licht widerspiegelt, zu entwickeln, so regt der Druck der Angst das Bewusstsein an, das göttliche Licht, das wir sind, hervorzubringen. So wie der Druck der »Wehen« den Körper hervorbringt, bringt der Druck der

Angst göttliches Bewusstsein hervor, zumindest ist dies seine Aufgabe.

Damit dies geschehen kann, müssen wir uns aber unseren Ängsten stellen und immer wieder in den Geburtskanal der Angst hineingehen.

Angst hat eine sonderbare Eigenschaft: Wenn wir sie verdrängen, zur Seite schieben oder nicht fühlen wollen, wird sie in unserem Inneren unsichtbar immer mächtiger, sie benimmt sich wie ein Wesen, das uns dann beherrscht. Auf der anderen Seite, wenn wir Angst als unseren Freund betrachten, verliert sie ihre Kraft über uns, sie wird zu einer Energie, die für uns wirkt, zu einer gebärenden Kraft.

Wenn wir Angst konfrontieren, dann darf es ruhig sein, dass wir die verschiedensten Reaktionen erleben – könnte die Kohle etwas empfinden, würde sie wohl auch nicht immer »glücklich vor sich hin lächeln«, wenn sie zum Diamanten gepresst wird. Scherz beiseite, wir dürfen Emotionen haben und Reaktionen zeigen, dumm aussehen und uns lächerlich machen, nur eines sollten wir versuchen – im Prozess zu bleiben.

Angst lässt sich durch Liebe transzendieren*. Liebe ist Ausdehnung, und genau hier finden wir den Schlüssel für den Umgang mit der Angst. Wir müssen Angst mit unserem Bewusstsein, das wir *sind*, durchsetzen. Dieser Akt kommt dem Aufspannen der Segel eines Bootes gleich – wir müssen unser Bewusstsein »aufspannen«, um durch die Angst hindurchsegeln zu kön-

* Vgl. Gerald G. Jampolsky: *Lieben heißt die Angst verlieren*, München 2005.

nen. Die Lösung für den Umgang mit der Angst erfahren wir also darin, dass wir in sie hineingehen und uns inmitten der Angst ausdehnen.

Wenn es uns gelingt, inmitten der Angst, die uns überkommt, bei Bewusstsein zu bleiben, dann erleben wir Angst lediglich als ein Energiephänomen. Wir können dieses Energiephänomen dann erforschen wie ein Wissenschaftler.

Indem wir uns erlauben, in die Angst hineinzugehen, und uns in der Angst ausdehnen wie ein Luftballon, den wir aufblasen, und sie dabei wertneutral wie ein Wissenschaftler erforschen wollen, dann verliert sie ihre Macht über uns. Wir erleben, wie das Phänomen »Angst« seine Zusammenballung auflöst, und bekommen eine Erweiterung des Bewusstseins, ebenjene Weite, die das Synonym für den »Himmel« ist.

Jedes Angstmuster hat seine eigene Art und Weise, sich zu melden, das eine mit einem unguten Gefühl im Bauch, vielleicht mit Übelkeit, das andere mit einer Enge im Hals oder einem der Ohnmacht ähnlichen Empfinden. Was immer das Empfinden ist, sagen wir ja dazu. Indem wir uns inmitten der Phänomene ausdehnen, erkennen wir, dass wir nicht das Muster *sind*, und durchdringen es mit Bewusstsein.

Bewusstsein ist in der Lage, sich mit allem zu identifizieren – oder auch nicht. Indem wir aus der Ausdehnung heraus erkennen: »Das ist ein Energiephänomen, eine selbst geschaffene Formation«, können wir es auflösen. Wichtig ist, dass wir das Energiephänomen zuvor vollkommen in Besitz genommen haben, dass wir uns zuvor komplett in der Angst ausgedehnt haben, denn wir können nur loslassen, was wir in Besitz genommen haben.

Wir können der Angst auch einen Namen oder Spitznamen geben. Dann sollten wir einen solchen wählen, der nicht emotional geladen ist, z.B. »X123« oder meinetwegen auch »ein Glas Marmelade«. Es ist ein Geheimnis um das »Namengeben«: Alles, worin wir uns ausgedehnt haben und dem wir einen Namen gegeben haben, hat keine Macht mehr über uns, weil wir es als unsere eigene Schöpfung erleben.

Wir erkennen, dass all diese Energiephänomene, die wir im Zusammenhang mit der Angst erleben, unsere eigenen Energieprozesse sind. Es ist ein innerer Mechanismus, wie wir Angst »kreieren«. Wenn wir wissen, wie wir es machen, können wir es auch sein lassen, werden wir »unser eigener Wissenschaftler«.

So wie die Wehen einer Frau Geburtsschmerz oder auch »Ekstase der Geburt« sein können, je nach medizinischen Gegebenheiten, Vorbereitung und Bewusstsein der Gebärenden, können auch wir unseren Umgang mit der Angst als Wehe oder als Ekstase erleben.

Indem wir Bewusstsein in das Menschsein hineinbringen, entflechten wir die Angst und überwinden die Muster des durch Angst kontrollierten Menschseins, denn der Himmel ist kein *Ort*, wie wir ihn uns landläufig vorstellen, sondern er ist ein *Zustand* des Bewusstseins, ein Zustand der Ausdehnung inmitten aller Begrenztheit.

Übung: In die Angst gehen

Denken Sie bitte einmal an eine Situation, die Ihnen Angst macht – jetzt. Vergegenwärtigen Sie sich diese. Gehen Sie mit Ihrem Bewusstsein ganz in diese Angst machende Situation hinein. Laufen Sie nicht vor ihr weg, sondern erleben Sie, wie es ist, in genau dieser Situation zu sein. Erleben Sie, welche Gefühle, Körpersymptome usw. allein das Denken an diese Situation in Ihnen auslöst. Dann, wenn Sie ganz in dieser Situation sind, dehnen Sie Ihr Bewusstsein ebendarin aus: Stellen Sie sich vor, Sie seien ein Luftballon und würden erleben, wie diese Angst bis an ihre Grenzen aufgeblasen würde. Sagen Sie ja zu diesem Gefühl. Sagen Sie ja zu allem, was Sie erleben, und dazu, alle Empfindungen, Emotionen, Körperreaktionen zu erleben, die dieser Gedanke in Ihnen auslöst.

Je mehr Sie sich in der Angst ausdehnen, umso weniger bedrohlich werden die Phänomene, die Sie erleben, vielleicht so, als würden jene sich entknoten, verdünnen. Irgendwann erreichen Sie eine Grenze mit Ihrem Luftballon, einen Bereich, jenseits dessen keine Angst mehr vorhanden ist. Sobald Sie diese Grenze erreicht haben, sagen Sie zu diesen Energiephänomenen, die Sie erlebt haben: »Das ist nicht die Gegenwart Gottes, die *ich bin*, das ist meine eigene Formation, ich lasse sie los.«

»Entidentifizieren« Sie sich von den Phänomenen und erleben Sie, wie diese in sich zusammenschrumpfen.

Nichts und niemand hat Macht über Ihre »Ich-bin-Gegenwart« als Sie selbst (es sei denn, Sie räumen einer Situation oder irgendjemand anderem, der es vermag, Ihnen mit seinem Gehabe Angst einzuflößen, diese Macht ein).

Nachdem wir eine Angst nach der anderen in Besitz genommen und losgelassen haben, können wir erleben, wie wir unsere Beengungen transzendieren und mit göttlichem Bewusstsein erfüllen.

Mit dieser Technik können wir den scheinbar Angst machenden Situationen gelassener und liebevoller entgegensehen und sie als Anreger willkommen heißen, ein Angstmuster nach dem anderen zu transzendieren, egal, ob es sich um die Angst vor Spinnen handelt, davor, einen Vortrag halten zu müssen, oder auch um eine scheinbar unerklärliche Angst.

Durch die Auflösung der magnetischen Wirkung der Ängste, die uns gefangen halten, erweitert sich unser Erlebnishorizont. Wenn es uns gelingt, dass wir uns inmitten der Angst ausdehnen in dem Wissen, dass wir Bewusstsein sind, welches wir immer waren und immer sein werden, dass nichts uns *wirklich* verletzen kann, kommen wir zu einer gelassenen Haltung im Umgang mit der Angst.

Die Lösung für die Bewältigung von Angst ist also immer die gleiche: Mit der Energie gehen, nicht gegen sie. Haben wir einmal die Enge der eigenen Geburt wiedererlebt und mit Bewusstsein durchtränkt, können wir auch den engen und Angst machenden Situationen des Lebens gelassen entgegensehen.

Sinnbild Nr. 2: Hymne an die Angst

Angst, o du des Menschen Schreck,
innigst Geliebter seist du mir.
Angst, *angustiae,* Enge im Bewusstsein,
bist du auch Wegbereiter für das Wahre, Schöne, Gute.

Breit und scheinbar bequem der Weg,
der durch Verdrängung deiner Wesenheit
in die Verdammnis führt, den Schlaf des Unbewussten
und Vergessens jener Gegenwart des *Ich bin.*
Schmal ist der Pfad und eng,
der das erkeimend' Licht sein eigen Ziele nennt.

So wie ein Stein geschliffen werden muss,
damit er in der Sonne funkeln kann,
so schleift die hinter Angst verborgene Göttlichkeit mich,
um mein innewohnend' *Selbst* hervorzubringen,
durch Strahlkraft seines Lichtes Herrlichkeit.

Versuche ich dir, o mein Geliebter, zu entfliehen,
statt dich von innen zu durchdringen,
gewinnen die Außenwelt und ihre Spiele
Macht über mich, und Angst, o du,
wirst mir ein Schattenbild an meiner Wand,
den Geist verfolgend im Tage wie im Traume.

Dreh ich mich um zu dir und schau dir ins Gesicht,
dann entsteht dort ein Schmelzen,
ein Schmelzen meines kleinen *Ichs*
und aller weltgeschaffenen Käfige und Gitter.

Angst, o du mein innigst' Freund,
mein liebender Geliebter, du bist mir ein Nadelöhr,
dich will ich suchen, durch dich will ich gehen,
durch das Nadelöhr gelassen und durchdringend,
wie das *Tau*, das *Tao*, das die Welt durchschreitet.

Gelassen auf Schocks reagieren

Durch die Gegenwart Gottes in mir,
die *ich bin* und die durch mich wirkt als Ich,
mache ich mir die folgenden Worte bewusst:
»*Ich bin* eine Erfahrung. Mein Hiersein ist nur eine Reise.
Erfolg und Misserfolg, Schock und Gleichmäßigkeit sind nur Spiele in ›seinem‹ Traum, die mich erfahren lassen,
wer *ich bin* und dass *ich bin* – und dafür bin ich dankbar.«

Wenn wir »Perfektionisten« im gelassenen Umgang mit der Angst geworden sind, haben wir natürlich noch ein weiteres Thema, das eng damit zusammenhängt, nämlich das Thema des Schocks. Ich meine hiermit ebenjene Situationen, in denen wir uns nicht wie im Falle einer Klaustrophobie bewusst sagen können: »Gut, ich gehe jetzt in einen Fahrstuhl, und dort ist es eng, aber ich mache mein Bewusstsein ganz weit und werde nun, so entscheide ich mich, *keine* Angst haben«, sondern solche, in denen *plötzlich* und *unerwartet* etwas Beängstigendes oder Bedrohliches geschieht. Dies sind die Situationen, die wir nicht vorhersehen oder planen können.

Nun ist es so, dass wir von unserer biologischen Disposition her durchaus in der Lage sind, auf unerwartete Situationen, auf »Schocks«, spontan und richtig zu reagieren. Dies bringt unsere Evolutionsgeschichte mit sich. Wir haben in unseren »Eingeweiden« eingespeichert, wie wir zu reagieren haben, wenn ein wildes Tier uns anfällt – das ist der so genannte Kampf-oder-Flucht-Mechanismus –, und sind mit unserem Adrenalinstoß bestens ausgestattet, um jeder archetypischen Situation zu begegnen. Vielleicht ist es gerade ein Geschenk jenes Erbes, dass es uns blitzartig reagieren lässt. Nur sind wir als »zivilisierte« Menschen oftmals nicht in der Lage, nachdem wir auf den Schock reagiert haben, unsere Reaktionen wieder unter Kontrolle zu bekommen. Dies liegt daran, dass wir nicht gewohnt sind, dass uns unerwartet Adrenalinströme durchfahren. Wenn wir dann noch die Situation tausendmal im Kopf kreisen lassen, statt sie loszulassen, dann haben wir ein Problem.

Glücklicherweise gibt es einige grundlegende Tipps, die uns helfen können, gelassener mit solchen Situationen umzugehen.

Erst einmal ist es gut und wertzuschätzen, dass aufgrund unseres animalischen Erbes etwas in uns durchaus in der Lage ist, auf einen archetypischen Schock zu reagieren. Wenn ein wildes Tier uns anfiele – was in den urbanisierten Zivilisationen ja eher selten vorkommt –, springt *etwas durch* uns auf den Baum oder entwickelt eine Kraft, mit der wir selbst Samson Konkurrenz machen könnten. Der Adrenalinstoß blendet unser Denken aus, und etwas handelt *durch* uns. Wenn sich unser »Denkhirn« nicht in den Prozess einmischt und völlig unnötige Blockaden loslässt, sind wir aufgrund unseres animalischen Erbes durchaus in der Lage, etwas Instinkthaftes durch uns reagieren zu lassen, das Millionen Jahre Erfahrung im Umgang mit Bedrohungen hat.

Wir sollten in archetypischen Schocksituationen nicht anfangen, krampfhaft an unserem Denken festzuhalten, sondern dem »Bauchhirn« in uns, das »weiß«, wie man überlebt, erlauben, durch uns zu reagieren.

Allerdings erleben wir in der Zivilisation meist ganz andere Formen von Schocks, denen wir ausgeliefert sind, wie dem bedrohlichen Schreiben einer Behörde oder der Kündigung durch unseren Chef. Ich denke, dass wir auch in solchen Situationen Schockreflexe sinnvoll umsetzen können, wenn wir eine »Unschuld des Herzens« entwickeln, aus ihr leben und aus ihr heraus spontan reagieren. Dann verbindet sich die integrierende Liebe des Herzens mit der Jahrmillionen alten Erfahrung unseres Bauchhirns.

Ich behaupte, dass wir, wenn wir Instinktreflex und Liebe miteinander verbinden, nicht destruktiv werden, sondern reflexartig und zugleich konstruktiv einen Schock umwandeln können in einen Sieg.

Ein Vorsitzender einer bedeutenden Aktiengesellschaft berichtete mir in meiner Praxis einmal, wie er bei einer Verhandlung mit einem Produktlieferanten durch einen Schock ausgebootet werden sollte und wie er aus seiner Unschuld heraus auf den Schock emotional und verbal reagierte und sich und seine Unschuld mitteilte. Gegen diese Form der Kommunikation waren auch seine »Gegner« letztendlich machtlos, der Vertrag wurde zu seinen Gunsten ausgelegt, und zwar mit Übereinstimmung jener »Gegner«, auch dort, wo er juristisch eigentlich auf verlorenem Posten stand.

Es scheint da ein okkultes Geheimnis um jene Arglosigkeit und »Unschuld des Herzens« zu sein, die ein kosmisches Gesetz des Ausgleiches in Gang setzt und uns die Kraft verleiht, Schocks auszuhalten und richtig auf sie zu reagieren, ob es sich um emotionale oder kaufmännische, mentale oder energetische Schocks handelt.

Aus einer Haltung der »Unschuld des Herzens« und Arglosigkeit können wir in Schocks hineinspringen, auch in einer zivilisierten Welt. Schocks können dann sogar Bewusstseinsimpulse sein, die jenseits unseres eingefahrenen Denkens etwas Größeres durch uns wirken lassen. Unschuld, die echt ist, hält dem Schock stand, eine aufgesetzte Unschuld nicht.

Jene Unschuld des Herzens, die wir suchen und die sich im Falle eines Schocks spontan zeigt, oder auch nicht, ist das Ergebnis einer jahrelangen ethischen Lebensweise, die im Falle eines Schocks dann ihre Früchte zeigt: Wenn man stets so lebt, dass man es vor sich selbst verantworten kann, dass alle Menschen wissen können, wie man lebt, dann braucht man auch die Schocks nicht zu fürchten.

Eine andere Art von Schocks sind jene, die durch unwiderrufbare Verluste ausgelöst werden, mögen sie nun groß oder klein sein. Hier geht es nicht um die richtige spontane Reaktionsweise, sondern um Schicksalsbewältigung.

Wenn wir uns bewusst machen, dass alle Erlebnisse, auch die scheinbar unwiderruflichen Verluste, Bestandteil eines Spieles sind, bei dem es nichts zu gewinnen und nichts zu verlieren gibt außer uns selbst, können wir Verluste wie Beglückungen annehmen, ohne deshalb in unserem Ausdruck oder unserem Engagement nachzulassen. Wenn wir lernen, jeden Weg, den wir gehen, den eines Projektes, den einer Beziehung, den eines Lebens, als eine Erfahrungsreise zu betrachten, können wir unerwartete Gewinne wie unerwartete Verluste gleichermaßen gelassen annehmen.

Schuldgefühle bearbeiten

Durch die Gegenwart Gottes in mir,
die *ich bin* und die durch mich wirkt als Ich,
mache ich mir die folgenden Worte bewusst:
»Auch wenn alles, was ich erlebe,
nur ›sein‹ Traum sein mag,
allumfassend' Traum aus ›seiner‹ Göttlichkeit,
die *ich bin*,
so weiß ich doch, dass aus diesem und
durch diesen Traum
ich wachsen, lernen, reifen darf.
Ich bin dankbar für mein Gewissen,
durch das ich mich
verfeinern und die Welt immer
verständnisvoller betrachten darf.
Ich bin dankbar für die Idee der Schuld,
um herauszufinden,
dass es in ›seinen‹ Augen niemals eine
Schuld gegeben hat.
Denn das Gift, das uns gegeben,
ist das Mittel, das uns heilen ließ.«

In einer gewissen Weise können wir sagen, Schuld betrifft die Vergangenheit, Angst die Zukunft. Angst haben wir, wenn wir denken, was passieren könnte. Sie ist somit auch ein Zukunftssog, der sich in die Gegenwart hineinmischt. Als Antwort auf die Angst haben wir ebenjene Möglichkeit erkannt, Angst zu konfrontieren und durch ausdehnende Liebe umzuwandeln.

Während Angst ein Sog aus der Zukunft ist, der in die Gegenwart hineinreicht, ist Schuld ein Druck aus der Vergangenheit, der uns im Jetzt belastet: »Was könnten wir nur damals alles falsch gemacht haben, dass sich die Kinder, der Partner, die Finanzlage, die Gesundheit... so entwickelt haben?«

Neben gesellschaftlichen, genetischen und erziehungsbedingten Konditionierungen ist oftmals auch ein allzu starres Gottesbild Ursache für völlig sinnlose Schuldzuweisungen und -gefühle. Wenn wir den alttestamentarischen, strafenden Gott als Ideal sehen, kann das durchaus vorkommen. Doch was wäre das für ein grausamer Gott, der so uns bewerten würde? Ich glaube zutiefst, dass es aus Sicht des Höchsten jene Bewertung nicht gibt. Schuldgefühle sind ein Produkt des Menschseins.

Schuldgefühle richtig zu bearbeiten, verlangt keinen Verzicht auf jeglichen Egoismus. Das Ego ist es, das es uns ermöglicht, als Identifikation Leben zu erfahren, uns im Alltag durchzusetzen, Willenskraft zu entwickeln und viele nützliche Dinge zu erreichen, die wir für unseren Ausdruck im Lebensspiel mehr oder weniger dringend brauchen. Ein gesunder Egoismus zur richtigen Zeit und am richtigen Ort ist ebenso wichtig wie der Altruismus in Situationen, in denen er gefragt ist. Wer zu seinem Ego nicht steht, weil er meint, so Schuld vermeiden zu können, gerät leicht in Gefahr, ein scheinheiliges Leben zu führen. Er muss sich oftmals später sagen oder vom Leben zeigen lassen, dass das Ego, das er verdrängt, sich »hintenrum« – und zwar dort, wo es ihm nicht dient, sondern schadet – meldet durch Tratsch, Klatsch, Neid, Herabsehen auf Andersdenkende und Anderslebende oder auch durch destruktive körperliche Reaktionen wie Immunschwäche usw. Vielmehr fordern uns Schuldgefühle zu einem Bewusstseinswandel ganz anderer Art auf, der es uns erlaubt, mit ebenjenen Schuldgefühlen zu leben, sie zu transzendieren und sie umzuwandeln in Bewusstseinsblüten. Dies beginnt damit, dass wir uns annehmen, wie wir sind.

Wir sind, wie wir sind. Wir können nie etwas anderes sein als das, was wir sind. Alles, was uns im Kern bewegt, ist göttlich, gut, richtig, alle Anlagen, Neigungen, Wünsche sind es. Aber es möchte ins Bewusstsein gehoben und angeschaut werden. Indem wir uns völlig akzeptieren, »wie wir sind«, kann der Froschkönig in uns wachgeküsst und zum Prinzen erlöst werden. Allein das in Liebe betrachtende Bewusstsein wandelt Hass in Mitgefühl, Schuldgefühl in Verstehen und Verdammung in Integration. Liebe und Annahme bringen den goldenen Ball der Weisheit zutage, aus der Weisheit heraus aber sind wir in der Lage, Verantwortung zu übernehmen, denn die Weisheit ist die »Antwort« auf die Suche nach den (Er)lösungen des Lebens.

Im Auge der Selbstliebe sind Schuldgefühle Suchimpulse nach Verantwortung und damit nach der Antwort, die wir allerdings nicht in dreidimensionalen »Soll-und-Haben-Spielen«, sondern in einem erweiterten Bewusstsein in Form von heilender Erkenntnis finden, ebenjener Weisheit, in die wir gehen müssen, um das, was uns peinigt, zu erlösen.

Das englische Wort für »Verantwortung«, *responsibility*, macht es noch deutlicher: Wir suchen den »Respons«, und durch unser ständiges Suchen nach Respons erhöhen wir die Erdenschwingung um die Erkenntnisschwingung eines höheren »Mentals«*. Schuldgefühle, auf eine andere Ebene gehoben, machen den »Mist« von gestern zu einem »Dünger« für reifende Bewusstseinsblüten. Darum ist es letztlich Schuld, die den Menschen adelt, weil sie ihn zwingt, sich zum um Erkenntnis ringenden Titanen aufzuschwingen, um schließlich jene Ebene zu erreichen, in der es keine Schuld mehr gibt. Wer von sich aus in und aus jener Weisheit, aus jenem Respons lebt, braucht keine Schuldgefühle mehr.

Auch in der christlichen Lehre finden wir die Erlösung von Schuld und Schuldgefühlen in der Übernahme der Verantwortung. Wenn es im Vaterunser heißt: »Und vergib uns unsere Schuld, wie auch wir vergeben unseren Schuldigern«, ist dies kein bloßes Wunschdenken, sondern Ausdruck eines geistigen Gesetzes, denn wenn wir die Verantwortung für unsere Umstände, wie immer sie sein mögen, übernehmen, verändern wir un-

* Vom lat. Wort *mens* = »Geist, Verstand, Vorstellung«.

ser Bewusstsein und erlösen unseren Teil der Welt von Schuld wie von Schuldgefühlen.

Die Psychologie entspricht diesem Gesetz gleichermaßen, wenn sie uns auffordert, unsere Projektionen aufzugeben. Solange wir »die Schuld verschieben« und jemand anderen verantwortlich machen für unsere Lebenssituation – »den Papa«, die Umstände, die Geburtstraumata –, haben jene auch die Macht über unser Leben. Nicht einmal der Höchste kann uns von Schuld erlösen, wenn wir an Projektionen festhalten.

Moralische, geistige, ethische Schuld und Schuldgefühle erlösen wir also, indem wir es aufgeben, anderen die Verantwortung für unsere Lebenssituation in die Schuhe zu schieben. Natürlich müssen wir auf der anderen Seite auch die Verantwortung für die Umstände, in denen der andere lebt, bei ihm belassen. Schuldgefühle können so zu einem Intensivtrainer für »gelebte Weisheit« werden. Leben wir aus ihr, sind wir von Schuldgefühlen beurlaubt.

Zu sagen: »Ja, das habe ich kreiert«, kann uns freischaufeln von Schuldgefühlen bezüglich der Vergangenheit und schafft dadurch in uns Raum für eine Einstimmung auf eine Ebene, aus der die erlösende Antwort kommen kann.

Zum großen Yogi Paramahansa Yogananda kam einmal ein Sucher und fragte ihn, ob er denn ein gutes Karma habe, er habe solch eine Sehnsucht nach der Wahrheit, aber er wisse nicht, ob er jener würdig sei. Yogananda schmunzelte und sagte: »Allein diese Sehnsucht nach der Wahrheit zu haben, ist bereits ein sehr gutes Karma.«

Wenn wir Schuldgefühle als einen Anreger für unsere Sehnsucht nach einer höheren Ebene der Wahrheit und Erkenntnis benutzen, dann können wir damit beginnen, das Fehlende zu suchen und darum zu bitten, dergestalt geführt zu werden, dass wir das fehlende Bewusstsein zu uns heimholen können.

Wenn wir tief in uns gehen und die Ebene der erlösenden Antwort und Erkenntnis immer wieder suchen, können wir erspüren, dass jedem die Unschuld, die er sucht, bereits innewohnt. Denn Jesus sagte, das Königreich Gottes sei inwendig in uns.

Je mehr wir die uns eingeborene Unschuld spüren und aus ihr leben, umso mehr ersparen wir uns den Umweg über die Schuldgefühle.

Der Prozess der Erkenntnisfindung und Selbstliebe bringt uns so letztlich auf eine überpersönliche Ebene, aus der heraus wir uns selbst mit Abstand betrachten können, was uns wiederum gestattet, aus den Gesetzmäßigkeiten des eigenen Lebens mehr und mehr das eigene Gesetz erkennen zu lassen, nach dem wir angetreten sind. Dieses mag für einen Freiheitskämpfer ein anderes sein als für einen Missionar in Afrika. Beginnen wir, dieses Gesetz zu verstehen und aus *ihm* zu leben, hören auch die Schuldgefühle auf. Wir gewinnen ein Gefühl für unser »Richtigsein«, wir erkennen, wie wir von der Schöpfung als verantwortungsbewusster Mitschöpfer gemeint sind, und drücken dies individuell aus.

Indem wir das uns innewohnende Gesetz individuell finden und mehr und mehr leben, kommen wir zu einer wundersamen Erfahrung: Wenn wir uns mit dem eigenen Gesetz beständig mehr in Übereinstimmung gebracht haben, leben wir gleichzeitig auch in Einklang mit dem Weltengesetz. Stets ist das Größte im Kleinsten enthalten. So, wie Indras Perlen, die sich ineinander spiegeln, passt auch das ureigene Gesetz auf wundersame Weise in das Ganze, in die Welt, in der wir leben.

Übung: Schuldgefühle auf eine höhere Ebene führen

Denken Sie bitte einmal an ein Ereignis, dessentwegen Sie sich schuldig fühlen – jetzt. Erleben Sie noch einmal die Worte, Bilder und Gefühle von damals. Was war genau los? Was ist seinerzeit geschehen? Was hatte Sie motiviert? Wie waren Ihre Emotionen? Fühlen Sie Ihr Bedauern über das, was passiert ist. Was war es, was damals »gefehlt« hatte? War es Liebe, war es Mitgefühl, war es Umsicht, war es Achtsamkeit?

Wir wissen nicht, ob Sie damals hätten besser handeln können, Sie waren in der Verfassung, in der Sie waren. Doch Sie können Reue und Verantwortung verspüren für das, was geschehen ist. Suchen und finden Sie die richtige »Antwort« für die damalige Situation aus der Sicht Ihres heutigen Bewusstseins. Erkennen Sie, dass Sie damals Ihr Bestes gegeben hatten. »Entidentifizieren« Sie sich von Ihrer Person, indem Sie erkennen, dass alle Beteiligten nur Bestandteile eines Traumes Gottes waren. Und finden Sie die Erkenntnis, die Sie auf eine höhere Bewusstseinsstufe heben kann, die Antwort. Sehen Sie einen größeren Sinn oder Zusammenhang in dem, was geschehen ist.

Und nun betrachten Sie alle Personen dieses Dramas als Einzelbestandteile eines unpersönlichen Lebens und ziehen Ihre eigene Projektionsenergie aus der Situation zurück. Begegnen Sie diesen Menschen in Zukunft in Liebe und frei von den Lasten der Vergangenheit in dem Wissen, der andere ist nicht die Person, die zu Ihnen spricht, sondern ein Teil des *einen Bewusstseins* – und Sie auch. Sie sind für Ihre Zukunft und auch Vergangenheit verantwortlich und er für die seine.

Manche Mystiker sagen, dass Innen- und Außenwelt sich wie zwei ineinander gekehrte Spiegel zueinander verhalten: Die Welt spiegelt sich in uns, und wir spiegeln uns in der Welt. Der Weise Jiddu Krishnamurti sagte einmal: »Du bist die Welt!« Und Oscar Ichazo, der Begründer der Arica-Philosophie und -Entspannungsmethode, drückte es ähnlich aus: »Alles ist ein Traum Gottes, alles ist auch dein eigener Traum!«

Wenn wir träumen, dann erleben wir uns im Traum sehr wohl als eine Einzelperson, eine Identität; es fällt uns aber nach dem Erwachen leicht, zu erkennen, dass diese anderen Personen, mit denen wir im Traum agieren, und auch die Traumlandschaften eigene Projektionen sind. Möglicherweise bedeutet ein Erwachen aus unserem Traum, dass wir all das, was uns begegnet, als die Reflexion des göttlichen Bewusstseins erkennen.

So empfiehlt der Weise, in allem und jedem Gott, das Göttliche wahrzunehmen, in dem Sinne, dass das ganze

Leben Gott *ist*, dass durch das ganze Leben Gott ständig zu uns und durch uns spricht.

Wenn wir uns selbst als »Traum Gottes« erfahren, können wir uns in dieser Hingabe der Schuld an eine überpersönliche Instanz letztendlich von Schuld in Weisheit, Liebe und Selbstannahme hinein erlösen und werden zu dem, was wir einen »zu Lebzeiten Befreiten« nennen.

Ein Gleichnis erzählt die Geschichte vom »Tempel der tausend Spiegel«:

> Ein Hund verirrte sich in den »Tempel der tausend Spiegel«. Er wurde sehr zornig, weil er sich im Tempel tausend Hunden gegenübersah; doch je zorniger er wurde, umso zorniger wurden die anderen Hunde, bis er vor Zorn tot umfiel.
>
> Ein anderer Hund verirrte sich in denselben Tempel, jener war voller Freude, so viele Freunde gefunden zu haben, und wedelte mit dem Schwanz; und tausend Hunde wedelten zurück, und die Freude wollte kein Ende haben.

So wie dem Hund, so ergeht es auch uns, denn ebenjener »Tempel der tausend Spiegel« ist natürlich nichts anderes als ein Sinnbild für die Welt, in der wir leben.

Unsicherheiten konfrontieren

Durch die Gegenwart Gottes in mir,
die *ich bin* und die durch mich wirkt als Ich,
mache ich mir die folgenden Worte bewusst:
»*Ich bin* die Kraft, die Sicherheit
in die Unsicherheit des Lebens bringt.
Ich bin die Kraft des Ausdrucks
göttlicher Souveränität.
Ich bin die göttliche Kraft,
die inmitten menschlicher Unsicherheit
göttliche Sicherheit schafft.«

Unsere Erziehung war im überwiegenden Maße vorbildorientiert. Den Vorteil des schnellen Erlernens der »Handgriffe unserer Zivilisation« haben wir jedoch mit dem Preis bezahlt, dass wir eine Unzahl an Mustern im Kopf und dadurch oftmals den Kontakt mit unserem Innersten verloren haben. Daraus entstehen Unsicherheiten, die uns in Spannung versetzen und Gelassenheit verhindern. In unserem Gehirn sind Reaktions- und Verhaltensmuster eingespeichert, die nicht unsere originär eigenen sind und eine Inventur benötigen, damit wir uns selbst, das Original, zum Ausdruck bringen können.

Ein kluger Mann hat einmal gesagt, der unbewusste Mensch werde als Original geboren und gehe als Kopie in den Tod. Der bewusste Mensch hingegen werde als Hoffnung geboren und gehe als Vollendung ins Leben.

Wir sind auf dieser Erde, um »wir selbst« zu sein. Uns wird es wohl nie gelingen, einen Franz von Assisi oder einen Rockefeller in ihrem »Sosein« zu übertrumpfen; es gibt nur eine einzige Rolle in unserem Leben, in der uns keiner übertreffen kann, und das ist jene, in der wir unserem urgöttlichen Selbst, unserer Einzigartigkeit, Ausdruck verleihen.

Vorbilder können nur so lange sinnvoll sein, wie sie eine Anregung für etwas in uns darstellen, was vorhanden, aber noch nicht zum Keimen gelangt ist. In dem Augenblick, in dem wir spüren, dass in dem Bereich, in dem wir ein Vorbild gesucht haben, etwas Größeres durch uns wirken möchte, brauchen wir dort kein Vorbild mehr. Die Originalität in uns möchte sich so einzigartig, wie wir sind, zum Ausdruck bringen. Um unsere Originalität zu treffen, gilt es, in uns hineinzuspüren und dem, was aus der Tiefe des Seins erwachsen möchte, Ausdruck zu verleihen.

Man sollte mit denen gehen,
die vorsichtig und zögernd und manchmal
stolpernd den Weg zu ertasten suchen,
und jenen misstrauen,
die mit neunmalklugen Konzepten
ihn schon gefunden zu haben glauben.

Dann mag man manchmal stolpern und unsicher erscheinen in all seinem Bedürfnis nach Authentizität; und die Versuchung ist groß, diese Unsicherheit mit »Routinen« zu überspielen, und doch sollten wir uns selbst treu bleiben, in aller Unbeholfenheit.

In dem Augenblick, in dem wir zu unseren eigenen Unsicherheiten stehen und sie mitteilen können, statt irgendwelche falschen Vorbilder von vorgetäuschter Coolness nachzuahmen, schaffen wir in unserem Umfeld einen Raum von unglaublicher Nähe und von Vertrauen – wir können uns *in* unserer Unsicherheit entspannen. Das bedeutet nicht, dass wir unsicher bleiben müssen. Es bedeutet vielmehr, dass wir uns erlauben können, durch die Unsicherheit zu unserer wirklichen Sicherheit zu finden.

Jene scheinbaren Sicherheiten, die wir finden, wenn wir an unseren erstarrten Weltbildern, Vorbildern, Verhaltensweisen festkleben, sind tot. An ihnen zu klammern, wäre, wie ein Baum zu sein, der sich an seine Rinde klammerte, weil die Wachstumsprozesse des Inneren ihm zu unsicher vorkämen. Leben ist ständige Veränderung, Veränderung bringt immer eine gewisse Unsicherheit mit sich, und das ist völlig in Ordnung.

Eine große Hilfe beim Konfrontieren von Unsicherheiten ist es also erst einmal, zu jenen Unsicherheiten zu stehen. Dann kann es hilfreich sein, sich genau dessen gewahr zu werden, was wir derzeit erleben, und dies mitzuteilen. Ist niemand da, mit dem wir kommunizieren können, ist es nützlich, wenn wir einen Zettel nehmen und notieren, was wir gerade erleben. Wir werden feststellen, dass schon in dem Augenblick, in dem wir unsere Unsicherheiten formulieren und ihnen Namen geben, Sicherheit in uns wächst. Es ist nämlich ein Geheimnis um das Namengeben: All das, was wir (möglichst wertfrei) benennen können, wird dadurch Teil unserer Welt. Wir nehmen es somit in uns hinein, und es hat keine Macht mehr über uns – es sei denn, wir würden es bewerten, verurteilen, verdammen, doch dies wäre nicht klug.

Im Benennen finden wir eine göttliche Kraft. So machte Gott uns Menschen zum Namensgeber seiner eigenen Schöpfung:

> »Und Gott der Herr machte aus Erde alle die Tiere auf dem Felde und alle die Vögel unter dem Himmel und brachte sie zu dem Menschen, dass er sähe, wie er sie nennte; denn wie der Mensch jedes Tier nennen würde, so sollte es heißen.«*

* 1. Mose 2, 19.

Indem wir unsere Unsicherheiten mitteilen und sie konkretisieren, gewinnen wir Sicherheit und Macht über sie, wir werden wieder zu einem strömenden Kanal, durch den Leben geschieht. Indem wir uns von falschen Vorbildern mehr und mehr befreien, lernen wir, in uns hineinzuspüren, wie wir gemeint sind.

Wir sollten uns in dem Zusammenhang auch von den Reaktionen anderer auf unsere Erscheinungsform mehr und mehr frei machen. Wir können zwar die Synchronizitäten*, die sich ereignen, als Spiegel nutzen, aber nicht unseren Erfolg von dem Verhalten anderer abhängig machen. Wenn wir den Tadel der Außenwelt als Anlass nehmen, uns selbst zu verleugnen, oder das Lob als Bestätigung, mit unserem Verhalten fortzufahren, ohne zu prüfen, ob unser Verhalten auch für uns selbst stimmig ist, verlieren wir den Kontakt zu unserem Innersten, verdrängen unsere Unsicherheit wie unsere Sicherheit und leben von fremder Energie. Wenn wir dies tun, werden wir manipulierbar und begeben uns von einer Unsicherheit in die andere.

Wenn Tadel, Kritik oder Misserfolg drohen, gilt es, zu erkennen, dass wir letztlich nur vor einem zu bestehen haben, nämlich vor uns selbst. Wenn wir uns authentisch und ethisch-moralisch unbedenklich verhalten, muss es uns als gelassenen Menschen gleichgültig sein, ob die anderen »Pfui!« oder »Hurra!« schreien. Wir kön-

* Unter »Synchronizität« versteht man das sinnvolle, in etwa zeitgleiche, kausal aber nicht erklärbare Zusammentreffen von psychischen wie auch physischen Vorgängen (nach dem Schweizer Psychologen und Philosophen C.G. Jung [1875–1961]).

nen ihre Reaktionen in unsere Kommunikation einbeziehen, wir sollten ihnen das Recht lassen, so oder so auf uns zu reagieren, aber wir sollten uns nicht zum Sklaven von Fremdmanipulation machen.

Natürlich suchen wir in der Kommunikation eine Verbindung. Diese erreichen wir aber weder, indem wir das von den anderen gewünschte Verhalten nachahmen, noch, indem wir sie verurteilen, sondern indem wir uns mitteilen, wie wir uns fühlen, was uns bewegt – dann wird Kommunikation ein Teil der gemeinsamen Wahrheitssuche und damit ein Baustein zu einer wirklichen Kommunikation. Für jenen Austausch, den wir suchen, ist es unumgänglich, uns innerlich selbst zu erlauben, dass geschehen darf, was immer geschehen mag. Wenn wir etwas zu verhindern suchen, können wir nicht gelassen mit unserer Unsicherheit umgehen.

Wenn wir z. B. flirten möchten und Angst haben, dass wir einen Korb kriegen oder im Flirt irgendwo feststecken und nicht mehr weiterwissen, hindert uns das daran, gelassen zu sein. Wenn wir uns hingegen innerlich erlauben, dass geschehen darf, was immer geschieht, können wir uns auf jeden Flirt einlassen. Und wenn wir dann wirklich unsicher sind oder nicht mehr weiterwissen, können wir ruhig etwas sagen wie: »Ich finde Sie so faszinierend, dass ich Sie ansprechen wollte; und jetzt bin ich unsicher geworden, ich weiß gar nicht, was ich weiter sagen soll.« Wenn der/die andere wirklich interessiert ist, wird er/sie Ihnen über diese vermeintliche Peinlichkeit hinweghelfen. Und wenn nicht, dann haben Sie halt viel Zeit gespart.

Wenn wir z. B. einen Vortrag zu halten haben und unsicher sind, können wir im Zweifelsfall etwas sagen wie: »Ich kann verstehen, dass Sie jetzt ein sicheres Auftreten wünschen; aber ich fühle mich ein wenig unsicher, obwohl ich ein Fachmann auf meinem Gebiet bin, und brauche Ihre Hilfe, um in mein Thema zu kommen. So und so ist es, und jetzt bitte ich Sie, dass wir gemeinsam sehen, was wir erreichen können.« Sie werden auf diese Weise viel mehr Sympathie ernten, als wenn Sie durch eine »Rolle« Ihre Unsicherheit überspielen wollten.

Wenn wir unsicher sind, ist es also einer der besten Wege, damit umzugehen, sich und anderen dies einzugestehen. Indem wir dies mit größtmöglicher Authentizität und in dem Bemühen um die bestmöglichen Worte tun, können wir den Kontakt zu uns selbst, der göttlichen Gegenwart, die durch uns wirken möchte, wieder aufnehmen.

Im Kontakt mit unseren Mitmenschen präsentieren wir uns dann als das, was wir sind, frei von den überhöhten Erwartungen, die wir an uns selbst und an andere haben; dies fördert zudem noch unsere Menschlichkeit.

Eine andere Form von Unsicherheit betrifft die Entscheidungen, die wir im Leben zu treffen haben. Oft sind wir unsicher, ob wir uns »so« oder »so« entscheiden sollen. Für solche Fälle gibt es einen guten Kniff: Wir können nämlich eine Entscheidung sich selbst »prozessieren« lassen. Wir haben das Recht, in einem Entscheidungsprozess zu stehen, ohne uns deshalb das Hirn zerfurchen zu müssen. Wir sind »prozessierende Wesen«. Da ist eine Idee, vielleicht jene, an einen anderen Wohnort zu ziehen oder einen neuen Arbeitsplatz zu suchen. Im Laufe der Zeit »prozessiert« sich diese Idee von selbst und wird entweder verworfen, oder wir bekommen erste Konkretisierungen in Form von Lösungsansätzen.

Wenn wir innerlich die Entscheidung gedanklich loslassen, kann uns das Unbewusste, das mit allem Leben auf der Erde vernetzt ist, nämlich bei der Entscheidung helfen. Wir brauchen uns dann nicht zu wundern, wenn wir auf unsere Idee hin, den Wohnort zu wechseln, auf einmal ein Angebot für eine Wohnung in einer anderen Stadt angeboten bekommen.

Wichtig erscheint mir im Zusammenhang mit Entscheidungsprozessen, eine Vertrauensbeziehung zu den unterbewussten bzw. unbewussten Dimensionen aufzubauen, dem Konkretisierungsprozess Zeit zu geben und nicht bei allen Entscheidungen mit dem Kopf durch die Wand zu gehen. Je mehr wir in einer inneren Zentriertheit und Ruhe sind, umso höher ist die Qualität der Wahrnehmung der Entscheidung. Im Laufe der Jahre entwickeln wir so ein Feingefühl, wie in und durch uns Entscheidungsprozesse ablaufen, und können uns der scheinbaren Unsicherheit des »Prozessierens« überlassen, um dann am Ende ein umso klareres und durchdachteres Entscheidungsbild zu haben. Wer mit aller Gewalt eine Entscheidung herbeiführen will, handelt oftmals kurzsichtig. Wer aber voller Gelassenheit die

Dinge »durch sich« geschehen lassen kann, vermag sich von der Unsicherheit tragen zu lassen wie von einer Welle, die im Endergebnis mit der Treffsicherheit eines Meisterschützen ihr Ziel niemals verfehlt.

Nervosität muss nicht sein

Durch die Gegenwart Gottes in mir,
die *ich bin* und die durch mich wirkt als Ich,
mache ich mir die folgenden Worte bewusst:
»*Ich bin* die Stille inmitten des Sturmes.
Indem ich eines nach dem anderen durch
mich wirken lasse,
entspanne ich mich in mir selbst.«

Ein wichtiges Hilfsmittel bei Nervosität ist es, da, wo wir dies können, bewusst alles nacheinander zu erledigen. Sie können das Mantra »Eines nach dem anderen!« begleitend zu Ihren Gedanken, Gefühlen, Handlungsimpulsen sagen. Als Hilfe können Sie sich eine Sanduhr vorstellen, durch die ein Korn nach dem anderen rieselt: Wer zu Nervosität neigt, dem sei einmal eine »Sanduhrmeditation« empfohlen (siehe die »Übung« auf der nächsten Seite).

Wenn wir in unserem Auto sitzen und zu viel Gas geben, merken wir, dass wir wahrscheinlich etwas zu nervös sind. Diese Art von Nervosität als Barometer kann uns erkennen helfen: »Aha, mein System ist überaktiv, ich muss ein wenig ›den Fuß vom Gas‹ nehmen, mich besser auf meine Zeitspur ›eintunen‹.«

Schwieriger wird es, wenn die Nervosität Oberhand zu gewinnen droht, z. B. in Zeiten starken Stresses, in finanziellen Krisensituationen, aber auch in Erwartung eines sehr großen Gewinns oder Vorteils, wie etwa bei einem wichtigen Verkaufsgespräch. Hier brauchen wir ein anderes Mantra, nämlich jenes:

»Alles ist gleichgültig!«

Übung: Die Sanduhrmeditation

Setzen Sie sich vor eine Sanduhr und sehen Sie, wie ein Sandkörnchen nach dem anderen die Öffnung passiert. Entwickeln Sie so auch ein Gefühl für das freie Strömen der Nervenimpulse. Bleiben Sie in Ihrer Mitte und konzentrieren Sie sich auf die Sanduhr, bis das letzte Körnchen durchgelaufen ist. Stellen Sie sich dabei vor, dass alles, womit Ihr Kopf derzeit überlastet ist, durch Sie durch- und von Ihnen abfließt.
Erleben Sie, wie Sie allein durch diese kurze Übung gelassener geworden sind.

Wie der Name »Nervosität« sagt, hängt dieser Zustand mit den Nerven zusammen. Die Nervenbahnen sind Transportbahnen für Informationen. Wir haben leider die Tendenz, uns in Krisensituationen nervlich zu verspannen. Nervosität ist gekoppelt mit Angst (Enge), etwas nicht zu schaffen, und diese scheint die Nervenbahnen zu verengen, wodurch sich die Energien in uns stauen. Was wir im Falle der Nervosität brauchen, ist eine in sich ruhende Gleichgültigkeit gegenüber der materiellen Welt:

»Alles ist völlig gleichgültig!«

Nichts von alledem, was wir für wichtig halten, ist wirklich wichtig. Spätestens angesichts des Todes müssen wir lernen, tatsächlich alle Besitztümer, Titel, Errungenschaften und Gelegenheiten loszulassen. Haben wir einmal den Tod als Freund und Bruder akzeptiert, können wir auch alles andere loslassen, was geringer ist als der Tod.

Im ganzen Lebensspiel geht es eigentlich nur immer um die gleiche Frage, nämlich wer wir *sind*. Was wir *haben*, ist vergänglich und nur eine Möglichkeit, uns selbst zu erfahren, nicht mehr als Spielsachen, die zurückgelassen werden, wenn das Kind sein Laufställchen verlässt. Sobald wir uns die Vergänglichkeit der Dinge bewusst machen, können wir uns im Leben viel mehr entspannen, gelassener reagieren und die Nervenströme durch uns fließen lassen.

Der Tod ist dann unser »Freund«, wenn wir uns in jenem Augenblick, in dem die Nervosität uns bedrängt, die Vergänglichkeit der Dinge bewusst machen und loslassen können.

Wenn Sie das nächste Mal merken, dass Sie nervös sind, versuchen Sie doch einmal, folgendermaßen vorzugehen. Sagen Sie sich etwa: »Ich bin jetzt nervös – interessante Erfahrung.« Lassen Sie alles los, was Ihnen in Gedanken durch den Kopf geht. Erkennen Sie: Diese Nervosität, sie berührt Ihre Nervenbahnen, sie ist nicht Ihr wahres Sein; Sie *sind* Bewusstsein und in der Lage, Nervosität zu erfahren oder auch nicht. Nehmen Sie Zuflucht in der Erkenntnis, dass Sie nicht Ihre Nervosität *sind*, sondern dass da Nervosität *ist*. Werden Sie zum Beobachter, zum Zeugen. Nehmen Sie das ganze Nervositätsmuster wahr, in allen Einzelheiten, und zwar in dem Wissen: »Alles ist völlig gleichgültig.« Und ziemlich sicher wird bald Frieden auf Ihren »Nervenautobahnen« sein: Die Leitungen »erweitern« sich wieder, die Staus lösen sich auf …

Mir hat in diesem Zusammenhang auch immer wieder das Bild eines Strudels gefallen, insbesondere wenn die Nervosität überhand zu nehmen drohte: Sollten Sie beim Schwimmen in einem freien Gewässer in einen Strudel geraten, gibt es nur eine Möglichkeit, dort wieder herauszukommen, nämlich jene, sich inmitten des Strudels zu entspannen und bis zur tiefsten Stelle ziehen zu lassen. Dort hat man dann die Möglichkeit, aus dem Strudel herauszuschwimmen und wieder nach oben zu tauchen!

Übung: Die Nervosität auflösen

Stellen Sie einen Zeitmesser auf 15 Minuten. Reden Sie chaotisch durcheinander, alles, was Ihnen in den Kopf kommt, es kann ruhig ein »Blindtext« mit dem Klang einer fremden Sprache sein, die Sie eigentlich nicht beherrschen – Chinesisch oder auch Russisch?
Nach 15 Minuten gehen Sie dann in die Stille und beobachten Ihren Atem. Sie werden erleben, dass all dieses Wortchaos wie ein Strudel um Sie herumschwirrt, insbesondere, wenn Sie diese Übung mit mehreren Personen gemacht haben, dass inmitten Ihres Kreises bzw. in Ihnen aber Stille herrscht, ein Frieden, der durch das Chaos nicht berührbar ist.

Wenn Sie diesen Mechanismus – inmitten des Chaos in die Stille zu gehen – gelernt haben, begeben Sie sich einmal an eine laute Straßenkreuzung und stellen Sie sich vor, all dieser Lärm um Sie herum sei wie ein Strudel, in dessen Mitte Sie absolute Stille erfahren. Machen Sie auch dies 15 Minuten lang und erleben Sie, wie diese heil(ig)e Stille über Sie kommt.
Erkennen Sie, dass Sie Herr über Ihre Nervosität sein können, indem Sie sich vergegenwärtigen, dass nichts wirklich wichtig ist außer der Erkenntnis, wer Sie sind, und dass Sie jederzeit inmitten des Chaos Stille und Frieden erleben können.

Seinen unbewussten Glaubenssätzen auf die Spur kommen

Durch die Gegenwart Gottes in mir,
die *ich bin* und die durch mich wirkt als Ich,
mache ich mir die folgenden Worte bewusst:
»*Ich bin* Ausdruck eines höheren
Webmusters des Seins.
Ich bin nicht die Glaubensmuster, die ich habe.
Jene sind meine Projektionen, mit denen ich die
Gegenwart Gottes,
die *ich bin*, in die Welt projiziere.
Ich bin dankbar dafür, dass ich lernen darf.
Ich bin dankbar dafür, dass ich erfahren darf.
Ich bin dankbar dafür, dass ich meinen
Glauben entwickeln darf,
bis er so weit, so umfassend,
so wissend geworden ist,
dass er den ganzen Kosmos in sich birgt.«

Wir laufen vielfach mit einer Selbstverständlichkeit durchs Leben, indem wir Glaubenssätze, Überzeugungen, Vorurteile, Meinungen und Verhaltensmuster für allgemein gültig halten, ohne uns überhaupt die Mühe zu machen, einmal zu untersuchen, inwieweit sie erstens berechtigt und zweitens hilfreich sind. Manche Überzeugungen und Vorurteile mögen auch gut und nützlich für unser Überleben sein und uns vor unnötigem Schaden bewahren. Dort aber, wo sie unseren Lebensspielraum begrenzen, ebendort schaden sie uns nur.

Was glauben wir von uns, von den anderen? Wenn wir uns einmal die Meinung gebildet haben, unser Partner sei böse, zänkisch und eifersüchtig, geben wir ihm kaum eine andere Chance, als sich uns gegenüber ebenso zu verhalten. Wenn wir aber erkennen, dass dies unser Glaubenssatz, unser Urteil über ihn ist, das nicht generell so stimmen muss, dann können wir vielleicht auch nette und manchmal sogar freundliche Verhaltensweisen an ihm entdecken.

Wir denken, dass Erfahrungen unsere Glaubenssätze bestimmen. Wir machen uns aber viel zu wenig bewusst, in welch großem Maße unsere Glaubenssätze unsere Erfahrungen prägen. Indem wir unseren die Erfahrung gestaltenden Glaubenssätzen auf die Spur kommen, geben wir uns eine Chance, neue Wahrnehmungskanäle und Möglichkeiten zu entwickeln, die uns helfen, das Leben neu zu erleben ebenso wie die Menschen in unserem Umfeld. Es ist natürlich keineswegs so, dass es sich plötzlich um ganz andere Personen handeln würde, aber wir holen auf diese Weise etwas anderes aus ihnen hervor, als unsere Erwartungshaltung es ansonsten in sie hineinprojiziert hätte. Vielleicht haben wir es schon einmal erlebt, dass ein eigentlich liebenswürdiger Mensch auf eine ganz bestimmte Situation bösartig oder gereizt reagierte oder dass ein eigentlich schwieriger Zeitgenosse beim Erörtern eines ganz bestimmten Themas auf einmal verzückt ins Schwärmen geriet. Die Menschen sind also nicht immer so, wie wir sie zu kennen glauben.

Es ist Lebenskunst, statt sich vor den Menschen zu verriegeln oder sich von ihnen ins Bockshorn jagen zu lassen, jeweils das aus ihnen herauszukitzeln, was der Resonanz entspricht, die wir haben möchten. Natürlich müssen wir auch ein wenig davon in uns tragen. Wer die Liebenswürdigkeit eines Menschen ansprechen und resonieren möchte, muss natürlich auch etwas davon in sich selbst entwickelt haben.

Und ganz sicher ziehen wir infolge einer veränderten Art, in die Welt zu schauen, auch andere Menschen und Umstände magnetisch an.

Das Leben ist wie ein riesiger Strom; und wohin wir in diesem Strom surfen, hat sehr viel mit unseren Glaubenssätzen zu tun. Denken wir, dass die Welt »dort draußen« böse und gefährlich ist, werden wir ständig versucht sein, uns zu verteidigen und zu rechtfertigen. Ohne es bewusst zu wollen, zetteln wir oft allein aus unserer Tendenz zu »Präventivschlägen« heraus den täglichen »Kleinkrieg« an, und die anderen sagen dann natürlich über uns, *wir* seien der Störenfried.

So kämpfen wir manchmal wie Don Quixote gegen Windmühlen.

Die offensichtlichsten Glaubenssätze finden wir in pauschalen Vorurteilen (z.B. »Alle Blondinen sind ...«, »Alle Ostfriesen sind ...«, »Alle Ehemänner sind ...«). Ein wenig mehr versteckt sind die unbewussten Glaubenssätze.

Die beste Möglichkeit, seinen unbewussten Glaubensmustern auf die Spur zu kommen, ist, einmal zu beobachten, was uns in unserem Leben *immer wieder* geschieht. Wenn wir ganz bestimmte Dinge – Reaktionsweisen der Mitmenschen auf unser Verhalten, ganz bestimmte »Zufälle« – stets aufs Neue erleben, dann handelt es sich hier mit großer Wahrscheinlichkeit um die Resonanz auf ein eingefleischtes Glaubenssystem, das wir dringend ein bisschen »auflockern« sollten.

Wir müssen erkennen, wie genau dieses Glaubensmuster aussieht, dem wir beständig aufsitzen. Das bedeutet quasi, rückwärts zu schreiten und von unserer Alltagsgestaltung auf unsere Glaubenssätze zu schließen. Wir sehen uns also einmal mit unserem geistigen Auge von außen morgens zur Arbeit gehen, den Tagesablauf bewältigen, die Freizeit gestalten, und wir achten darauf, was diesem Menschen, der wir selbst sind, laufend geschieht. Wir betrachten uns dabei wie ein fremdes Lebewesen und überlegen uns: Was für Glaubenssätze muss ein Mensch haben, der solche Dinge erlebt?

Nichts anderes tut übrigens jeder gute Arzt, wenn er eine Anamnese macht – er schließt von den Symptomen auf die Krankheit. Hier tun wir das Gleiche auf psychologischer Ebene, wir schließen von den Lebensumständen auf die Glaubensmuster.

Übung: Situationen auflisten

Legen Sie eine Liste an für typische Situationen, die Ihnen immer wieder begegnen, und zwar dreizehn Punkte: acht *unerfreuliche* und *fünf erfreuliche*. Also jetzt, frisch gewagt: Was geschieht bzw. geschah immer wieder in Ihrem Leben? Finden Sie dreizehn Punkte (die Dreizehn ist heute Ihre Glückszahl), z. B.:

a) unerfreulich:

1. im Seminar als Seminarleiter unter Stress zu geraten und sich hinterher ausgelaugt zu fühlen,
2. im Alltag immer wieder Schocks zu erleben, die dem Leben sofort eine dramatische Komponente geben,
3. kurz vor einem bahnbrechenden Erfolg zu stehen und dann zu erleben, wie die Aussichten sich als Trugbilder erweisen,
4. eine Frau/einen Mann körperlich zu begehren, die/der spirituell nicht zu mir passt,
5. von Frauen/Männern begehrt zu werden, mit denen ich mich gut verstehe, die mich aber vom Sinnlichen her nicht interessieren,
6. einschränkende Lebensumstände von außen, die meiner Kommunikation Grenzen auferlegen,
7. Anrufe von Ballast mit sich herumschleppenden Menschen, die einen herunterziehen,
8. Störungen immer dann, wenn ich eigentlich am kreativsten arbeiten könnte,

b) erfreulich:

9. in einem Seminar als Teilnehmer oder Seminarleiter eine(n) attraktive(n) Flirtpartner(in) kennen zu lernen,
10. unerwartete Anrufe, die mich zu einem interessanten Erlebnis einladen,
11. das Kennenlernen von eigentlich erst einmal uninteressant oder unsympathisch erscheinenden Menschen, das sich im Laufe der Zeit zu einer tiefen Verbundenheit entwickelt,
12. Verehrer(innen), die mir Gebäck, Blumen o. Ä. schenken oder schicken,
13. unerwartete »Zufälle« in Notsituationen, die mich auf sehr originelle Weise aus der Kalamität herauskatapultieren.

Wenn Sie die Übung »Situationen auflisten« gemacht haben, wissen Sie, in welche Lebenssituationen Sie immer wieder geraten. Allein die Bewusstmachung, dass diese Szenarien vielleicht auf Verhaltens- und Glaubensmuster zurückzuführen sind und nicht darauf, dass das Leben »so ist«, kann Ihnen helfen, in Zukunft ein wenig gelassener und weniger zwanghaft in diese Situationen zu gehen.

Jetzt kommt der nächste Teil. Forschen wir wie ein Wissenschaftler: Welches Glaubenssystem müsste so ein Mensch haben, dem derartige Dinge immer wieder geschehen, wie wir sie hier aufgelistet haben (siehe die Übung »Situationen und Glaubenssätze«)?

Übung: Situationen und Glaubenssätze

Wir erstellen eine weitere Liste, auf der wir die dreizehn bei uns permanent auftretenden Situationen auf Glaubenssätze zurückführen. Manchmal brauchen wir schon ein wenig Detektivarbeit, um herauszufinden, welche Glaubenssätze hier unbewusst am Werke sind, zuweilen sind es auch pro Thema gleich mehrere. Versuchen wir, in dieser Liste das Wort »ich« zu vermeiden, und bemühen wir uns, Verallgemeinerungen zu finden. Machen wir auch von dem Recht auf Mehrfachnennung Gebrauch. So kommen wir unseren Glaubenssätzen leichter auf die Spur:

1. *Im Seminar als Seminarleiter unter Stress geraten:* Seminarteilnehmer sind Blutsauger. Seminare zu halten, ist anstrengend. Wenn etwas nicht unter Stress getan wird, ist es nicht wert, honoriert zu werden. Die anderen sind feindlich. Gruppen zu leiten, kostet Energie.
2. *Im Alltag immer wieder Schocks erleben:* Das Leben ist schockierend. Am Leben teilzunehmen, ist dramatisch. Das Unerwartete ist bedrohlich.
3. *Aussichten, die sich als Trugbilder erweisen:* Das Leben lässt einen nicht zur Vollendung kommen. Das Leben macht nur Appetit, satt macht es nie.
4. *Eine(n) unspirituelle(n) Frau/Mann körperlich begehren:* Erotische Frauen/Männer haben eine negative Schwingung. Begehren und Spiritualität vertragen sich nicht.
5. *Avancen von Frauen/Männern, die mich körperlich nicht interessieren:* Sympathische Menschen sind erotisch uninteressant. Attraktive Menschen sind unzugänglich.

6. *Einschränkende Umstände:* Im Schweiße seines Angesichts muss man sein Brot essen und dankbar sein, wenn man überhaupt überleben darf. Ein Mensch kann nicht über seine Umstände hinauswachsen.
7. *Anrufe von Ballast mit sich herumschleppenden Menschen:* Man ist verpflichtet, sich jeden »Schmarrn« anderer zu Eigen zu machen. Die Unterstützung und Sympathie von ballastbeladenen Menschen sind wichtig für das eigene Überleben. Nur durch Anteilnahme am Leiden der Menschen und der Welt kann man seine Liebe entfalten. Leben kann niemals reine Freude, Fülle, Erfüllung, Gnade und Mühelosigkeit sein. Das »Beladene« ist wichtig. Man muss sich etwas aufladen, um ein guter Mensch zu sein.
8. *Störungen in der kreativen Phase:* Das Leben ist darauf versessen, einen in seiner Kreativität zu stören. Leben mag keine Kreativität.
9. *In einem Seminar eine(n) attraktive(n) Flirtpartner(in) kennen lernen:* Seminare sind ein toller Treffpunkt für Flirtadressen. Frauen/Männer lieben es, wenn man sich herausbringt.
10. *Unerwartete Einladungen:* Das Unerwartete ist ein Freund. Gott reicht einem im Unerwarteten die Hand. Man kann den Abenteuern des Lebens vertrauen. Alles spricht zu einem. Leben ist ein Teilnehmen an interessanten Erfahrungen. Etwas in einem ist an Abenteuern interessiert und liebt es, sich dazu einladen zu lassen.
11. *Das Kennenlernen von Menschen, das sich im Laufe der Zeit zu Verbundenheit entwickelt:* Es ist möglich,

Konfrontationen standzuhalten. Jeder ist interessant, wenn man nur tief genug »buddelt«. In der Tiefe der Begegnung wird Verbundenheit begründet.

12. *Verehrer(innen), die mich beschenken:* Da sind Menschen, die das eigene Blühen anerkennen.
13. *Gute Zufälle in Notsituationen:* Es existiert ein göttlicher Plan. Da ist ein unbewusster Teil, der einen beschützt. Man kann Gott vertrauen, und Gott vertraut einem.

Indem Sie sich die möglichen Glaubenssätze, die sich hinter den wiederkehrenden Lebensumständen verbergen, bewusst gemacht haben, haben Sie einen Schlüssel in der Hand, auch in Ihrem Alltag mehr und mehr aufzuspüren, ob die Umstände »wirklich« so sind oder ob Sie dies nur durch ein Glaubenssystem provozieren.

Die Glaubenssätze unter den Ziffern 9 bis 13 Ihrer persönlichen Liste helfen Ihnen, Ihr kleines Paradies zu bauen, nicht auf Kosten anderer, sondern eingebettet und gelassen in Ihr positives Glaubenssystem. Wenn Sie für sich glücklich leben, sind Sie ein Sonnenstrahl in Ihrem Umfeld.

Für die Erlebnisse und Glaubenssätze 1 bis 8, dort, wo es nicht so angenehm läuft, möchte ich Sie bitten, einmal genauer zu beobachten, inwieweit Sie Ihre Welt durch Ihre Glaubenssätze mitkreieren. Denn hier ist es wichtiger, etwas zu ändern.

Wenn Sie der Wurzel Ihrer inneren Mechanismen auf die Spur kommen, kann es sein, dass für Sie plötzliche und unerwartete Öffnungen geschehen. Ich sage nicht, dass dies so sein muss, ich behaupte auch nicht, dass sofort und stets, wenn Sie Ihre Glaubenssätze erweitern oder verändern, sich auch Ihr Leben verändern muss. Aber vielleicht ergibt sich immer wieder einmal eine »Lücke«, durch die Sie in einen anderen Erfahrungsspielraum hindurchschlüpfen und so andersartige Erfahrungen machen können, die Ihr Glaubenssystem positiv verändern.

So wie ich es verstehe, sind wir alle eingebettet in ein größeres Schicksal und in einen größeren Plan, viele Ebenen spielen da mit hinein. Wir »weben« unsere Navigation in Zeit und Raum. Glaubenssysteme sind »Filter der Wahrnehmung«, niemals die Wahrnehmung selbst.

Ein weiterer Vorteil für die Arbeit mit Glaubenssätzen ist es, sich bewusst zu machen, dass alle Glaubenssätze *innere* Vorgänge darstellen und alle Personen in unserer Außenwelt auch *innere* Personen, d.h. innere Vorgänge bzw. unsere eigenen Persönlichkeitsanteile reflektieren. Wenn Sie die Art und Weise, wie ich in den acht Beispielfällen an die Thematik herangehe (siehe die Übung), näher untersuchen, können Sie sehr vieles über diese Möglichkeit des unvoreingenommenen Denkens erkennen und für Ihre eigenen Beispielfälle sinngemäß übertragen.

Wenn wir uns die Bereiche bewusst machen, in denen wir uns im Innen wie im Außen unnötig behindert haben, können wir »Realisierungen« (positive Erkenntnisse, die auf Gedanken beruhen, welche wir als wahr erkannt haben und welche realistisch sind) dem Bewusstsein zugänglich machen und so andere Betrachtungsweisen der Wirklichkeit erlauben. Hierfür können wir ruhig das Wort »ich« einsetzen, sollten uns aber auf Erkenntnisse beschränken und bereit sein, anzuerkennen, dass die »Quelle« ihre eigenen Wege findet, für mich zu sorgen, und dem Lebensstrom vertrauen.

Übung: Sinnvoller Umgang mit entlarvten Glaubenssätzen

1. *Im Seminar unter Stress geraten (»Seminarteilnehmer sind Blutsauger«):* Menschen kommen auf Seminare, weil sie von mir etwas lernen wollen. Ich begrüße die Tatsache, dass es Seminare als kommunikativen Austausch gibt. Ich bin bereit, ein Kanal und Fürsprecher für die Anliegen dieser Gruppe zu sein. Ich bin an den Anliegen der Gruppe interessiert. Ich bin bereit, anzuerkennen, dass die Anliegen der Gruppe auch meine eigenen sind. Ich bin bereit, anzuerkennen, dass die Zusammensetzung und Beschaffenheit der Gruppe ein Spiegel für mich ist. Ich kann für die mir entgegengebrachte Aufmerksamkeitsenergie dankbar sein. Ich bin kompetent genug, um mich für die Bedürfnisse der Gruppe zu öffnen und auf die Energie der Teilnehmer einzulassen. Da ist keine Zwistigkeit zwischen mir und der Gruppe. Ich umarme im Geiste alle Teilnehmer, wie sie auch sind, und danke ihnen dafür, dass sie eben so sind, wie sie sind.

2. *Im Leben Schocks erleben (»Das Leben ist schockierend«):* Ich entspanne mich im Leben. Indem ich mich in mir selbst entspanne und stets *im Hier und Jetzt bin,* kann ich die Schocks des Lebens für meine persönlichen Quantensprünge nutzen. Ich entspanne mich in eine größere Ordnung hinein in dem Wissen, dass da kein Schock ist, der nicht unter der Obhut des *Einen* steht, der auch durch mich wirkt. Indem ich mich mit dem Leben in Übereinstimmung bringe, erspare ich mir die Notwendigkeit, auf Schocks dramatisch zu reagieren oder mich vor ihnen zu fürchten. Ich kann die Notwendigkeit loslassen, Leben als schockgestaltenden Prozess zu erleben, indem ich Weitsicht und Urvertrauen entwickle.
3. *Aussichten, die sich als Trugbilder erweisen (»Das Leben lässt einen nicht zur Vollendung kommen«):* Ich kann den falschen Glaubenssatz loslassen, Leben sei ohnehin eine Illusion, und erkenne Leben und die äußere Welt als den sich selbst perfektionierenden göttlichen Ausdruck an.
4. *Eine(n) unspirituelle(n) Frau/Mann körperlich begehren (»Erotische Frauen/Männer haben eine negative Schwingung«):* Da ist keine wirkliche Spaltung zwischen dem sexuellen und dem spirituellen Bereich des Lebens. Sexualität ist zutiefst spirituell. Ich kann es aufgeben, eine Trennlinie zwischen den Ebenen in mir zu kreieren. Ich bin in der Essenz nicht gespalten in einen sympathischen unerotischen und einen antipathischen erotischen Teil, alles ist Teil des großen Wirkens des »Ich bin« und kann durch mich erlaubt werden.

5. *Avancen von unerotischen Frauen/Männern (»Sympathische Menschen sind erotisch uninteressant«):* wie Punkt 4.
6. *Einschränkende Umstände (»Im Schweiße seines Angesichts muss man sein Brot essen«):* Ja, ich bin die Gegenwart, die innerhalb und außerhalb der Einschränkungen existiert, und kann die Beschränkungen des Lebens ebenso als göttliches Geschenk erleben und mich in ihnen entspannen, wie die Möglichkeiten wahrnehmen, jenseits dieser Beschränkungen Erfahrungen anderer Art zu machen und zu genießen.
7. *Ballast mit sich herumschleppende Menschen (»Man ist verpflichtet, sich jeden ›Schmarrn‹ anderer zu Eigen zu machen«):* Ich kann es aufgeben, Ballast anderer mit mir herumzuschleppen, und bin frei.
8. *Störungen in der Kreativität (»Das Leben ist darauf versessen, einen in seiner Kreativität zu stören«):* Ich erlaube den Wechsel des Lebens, alles durch die Mitte, die *ich bin*, geschehen zu lassen.

Natürlich hat unser Lebensstrom weiterhin noch seine Biegungen und Kurven, aber wir müssen dann nicht dauernd gegen die Steine am Flussufer schleudern, um die Begrenzungen unseres Flusses festzustellen.

In der Essenz sollten wir die Arbeit mit Glaubenssystemen nutzen, aber diesen Bereich nicht überbewerten. Finden wir Gelassenheit inmitten unserer »zwanghaften Glaubenssätze«, indem wir erkennen, dass wir nicht

»diese sind«, und finden wir Gelassenheit zugleich in einer Geborgenheit, in einer größeren Führung und in einem Urvertrauen, um zu der höchsten Schau vorzudringen, zu der »Wahrheit hinter dem Schein«, die dann mit Glaubenssätzen nichts mehr zu tun hat!

Ich glaube, aber *ich bin nicht* meine Glaubenssätze.
Ich liebe, aber *ich bin nicht* das Objekt meiner Liebe.
Ich webe in Zeit und Raum durch mein Sein,
durch die Fertigkeiten meiner Erkenntnis,
durch die Liebe zu allem, was ist.
Ich verbeuge mich vor dem großen Lehrer Leben,
der stets aufs Neue mir meine Gegenwart offenbart
und mich ermuntert, zu *glauben*, zu *leben*, zu *lieben*.

Gelassenheit im Geben und Nehmen

Durch die Gegenwart Gottes in mir,
die *ich bin* und die durch mich wirkt als Ich,
mache ich mir die folgenden Worte bewusst:
»*Ich bin* ein einzigartiges Wesen,
und dafür bin ich dankbar.
Ich bin mit der Quelle dessen, was ich geben darf,
verbunden.
Ich bin dankbar für jeden, der bereit ist,
von mir zu empfangen.
Ich bin offen für die Fülle der Erde,
die mich liebt.
Ich bin offen und dankbar für das,
was mir gegeben wird.
Ich bin die Unterscheidungskraft,
die eine gute Wahl zu treffen vermag zwischen dem,
was zu geben und was zu empfangen ist.
Ich bin bereit, über den Prozess des Hingebens und
Annehmens am Pulsar der Fülle und der Erfüllung
des Lebens teilzunehmen.
Und dafür bin ich dankbar.«

Wenn man sich mit dem Thema des Gebens und Nehmens auseinander setzt, dann fragt man sich vielleicht zuerst einmal, ob es überhaupt sinnvoll ist, von dem, was man hat, einfach so etwas abzugeben – schließlich heißt es doch landläufig: »Haste was, biste was.« Ist es nicht so, dass ich, wenn ich etwas weggebe – z. B. einer gemeinnützigen Organisation Geld spende oder jemandem meine Zeit widme –, dann hinterher weniger habe als vorher? Leben wir nicht in einer Gesellschaft, in der man um das Überleben kämpfen muss?

Um wirklich frei und gelassen zu werden, müssen wir lernen, nicht nur auf die äußere Welt zu schauen – was wir gerade von ihr bekommen können –, sondern nach innen gehen und aus dem Inneren die Qualitäten hervorholen, die wir der äußeren Welt anbieten können.

Diese Qualität, die wir anderen geben, spüren wir zuerst einmal in uns selbst – und das kann uns fröhlich machen: Schenken wir jemandem Aufmerksamkeit, werden wir selbst aufmerksam; zollen wir jemandem Anerkennung für sein »Sosein«, fließt diese Anerkennung erst einmal durch uns und erneuert unsere eigenen Körperzellen mit einem Strom von Akzeptanz.

Es gibt ein Märchen, das mit Geben und Nehmen zu tun hat, und ich erzähle es immer wieder in meinen Seminaren:

> In einer Stadt lebten zwei miteinander verfeindete Brüder, sie waren beide Juwelenhändler und hatten ihre Läden genau gegenüber. Sie standen in scharfer

Konkurrenz zueinander. Sie mochten sich nicht und gönnten einander nichts.

Es begab sich, dass einer der beiden Juwelenhändler auf eine Fee traf; und diese Fee sagte ihm, er hätte einen Wunsch frei, aber nur unter der Bedingung, dass der andere Juwelenhändler, mit dem er in Konkurrenz war, das Doppelte davon bekommen solle. In seiner Verblendung und in seinem Hass wünschte dieser Mann, dass er einäugig sein würde und der andere blind.

Doch die Geschichte geht weiter: Der nun blind gewordene Bruder nahm die Lektion, die ihm das Leben beschert hatte, an. Er verkaufte seinen Laden, da er seinen Beruf nicht weiter ausüben konnte, und zog in die Berge, wo er einem weisen Mann begegnete, der ihn die Geheimnisse der Gelassenheit, der Stille und des Gebetes lehrte. Im Laufe der Jahre kam ein großer Frieden über den Blinden. Und in seinem Frieden dachte er eines Tages daran, seinen Bruder zu besuchen, ihn um Verzeihung zu bitten für all die Streitigkeiten, soweit sie damals von ihm ausgegangen waren, und ihn zu segnen für diesen Wunsch; denn dadurch, dass ihm das Augenlicht genommen ward, wurde ihm ja ein Weg zu seinem inneren Licht gewiesen.

Er fand seinen Bruder in völlig verwahrlostem Zustand vor. Der Juwelierladen lief nicht mehr, war es doch vor allem die Konkurrenz gewesen, die sein Geschäft und seinen Tatendrang belebt hatte. Er segnete seinen blinden Bruder und fing an zu weinen.

Schließlich entschuldigte auch er sich bei ihm für seine Gehässigkeiten.

In dem Moment, da die zwei sich ausgesöhnt hatten, erschien die weise Fee und bot den beiden an, den Wunsch wieder rückgängig zu machen, sodass sie ihr volles Augenlicht wiederbekämen – unter der Voraussetzung, dass der andere Bruder jetzt ebenfalls in die Berge pilgern und bei dem Weisen das Licht des Inneren erfahren sollte –, und beide Brüder stimmten freudig zu.

Während der zurückgekehrte Bruder jetzt für beide die Geschäfte übernahm, lernte der andere die inneren Welten kennen; und im Laufe der Jahre wurden die beiden innige Freunde und schufen so ein Band der Liebe, das sich über das ganze Dorf erweiterte und sie darüber hinaus zu begehrten Handelspartnern für nah und fern werden ließ, die die geistige und die materielle Welt miteinander in sich vereinigt hatten.

Ich mag dieses Märchen aus mehreren Gründen. Zum Ersten, weil es uns lehrt, dass sich die materielle und die geistige Welt durchaus vereinigen lassen, so wie die Juwelenhändler am Ende zugleich die äußeren wie auch die Juwelen des inneren Lichts lieben konnten. Zum Zweiten, weil es uns lehrt, dass auch in jedem Schicksalsschlag eine Chance liegen kann, etwas aus »der Sache« zu machen. Und zum Dritten, weil es in der Kunst des »Gebens« einen Ausweg und Lösungsweg verheißt.

Jeder kann etwas geben, ob arm oder reich, ob klug

oder dumm, ob groß oder klein, ob jung oder alt. Wir können unser Mitgefühl geben, unsere Liebe, unseren Segen.

Jedes Mal, wenn wir uns für das Geben entscheiden, bringen wir aus unserem Inneren unser Selbst hervor. Sogar in einer so genannten Mangelgesellschaft, in der jeder nur *haben* möchte, ist dies übrigens auch der schmerzloseste Weg, mit Menschen umzugehen: Es wird weitaus angenehmer für beide sein, sich wirklich für das Wohlergehen des anderen zu interessieren, als ständig darauf versessen zu sein, ihm etwas abzunehmen …

Wir können natürlich nichts anderes geben als das, was wir »sind«. Wir brauchen und sollen uns also auch nicht verstellen oder heucheln, wenn wir uns selbst dem anderen »geben«. So, wie wir sind, überlassen wir dem anderen unser »Sosein«. Kommunikation ist dann der Einstimmungsprozess, der diese Art des Gebens für beide Seiten zu einem Geschenk werden lässt, wenn sie in Anerkennung der Göttlichkeit und Vollkommenheit beider Parteien betrieben wird.

Gerade wenn wir am dringendsten etwas brauchen, ist es oft die einzige Chance, etwas zu bekommen, indem wir einem anderen etwas geben! Durch die Vollkommenheit der göttlichen Gegenwart in uns gibt es immer irgendetwas, was wir anderen oder »dem Leben« schenken können, egal, wie bedürftig wir selbst sind. Erst einmal auf die Nöte und Sorgen des anderen einzugehen, ihm Zeit und Raum im eigenen Leben zu geben, war auch für mich ein harter, manchmal schmerzhafter Weg des Dienens, den ich zu lernen hatte.

> »Vor dem Verdienen steht das Dienen.«
>
> *Henry Ford*

Wenn unser Dienen wirklich bedingungslos geworden ist, kommen die Früchte auf ganz natürliche Art und Weise zu uns. Solange wir aber in unserem Dienen noch etwas »erwarten«, fehlt es uns an der notwendigen Gelassenheit, und wir machen uns selbst unter Umständen mit den Nerven fertig.

Ein Beispiel: Stellen Sie sich einmal vor, Sie hätten einen Termin bei einem wichtigen Kunden. Sie brauchen den Abschluss dringend, denn Sie müssen mit der Provision, die Sie hier verdienen können, Ihre nächste Miete bezahlen. Ich kann Ihnen aus meiner eigenen Lebenserfahrung heraus versichern: Wenn Sie während des Termins nur an Ihre Miete denken, wird der Kunde das Eurosymbol in Ihren Augen sehen und wohl nicht bei Ihnen kaufen. Wenn Sie sich aber ganz und gar, bedingungslos und ehrlich, dem Kunden widmen, wird er Ihnen aller Voraussicht nach Vertrauen schenken.

Gelassenheit in Zusammenhang mit dem Thema Geben und Nehmen bedeutet auch, darauf zu verzichten, dort zu geben, wo man es nur aus Anstand tut, es aber einem gar nicht entspricht, und ebenfalls darauf zu verzichten, dort nach etwas zu greifen, wo es uns gar nicht zugedacht ist, wo es nur unser vorstellungsbestimmter Verstand für so wahnsinnig wichtig hält, etwas Bestimmtes zu bekommen bzw. zu erreichen.

Zum Thema Geben und Nehmen haben wir auch zu lernen, dass es *Gott* ist, der gibt. Wir sind nur sein Werkzeug. Sobald wir diese Wahrheit hinter dem Schein erkennen, brauchen wir auch nicht mehr von dem, dem wir etwas Gutes gegeben haben, etwas zurückzuverlangen. Ich habe es oft genug erlebt, dass ich der Person A etwas gegeben habe, und die Person B brachte mir ein Geschenk. Und ich durfte auch häufig erfahren, dass Geben und Nehmen in einer unpersönlichen und doch unabdingbaren Resonanz miteinander stehen.

Zudem lehrt uns das Gesetz des Gebens und Nehmens, dass alles zu *seiner* Zeit kommt. Das Leben hat seinen ganz eigenen Rhythmus, in dem es Geben und Nehmen gestaltet. Mit diesem Zyklus zu leben, heißt, eingestimmt zu sein auf die Rhythmen der Natur und der Zeit und aus diesem Eingestimmtsein heraus Gelassenheit zu entwickeln.

Eine Parabel erzählt von einer Rose, die sich nicht zu blühen traute. Die anderen Rosen hänselten sie schon wegen ihrer Scham, doch sie traute sich einfach nicht. Was, wenn der Wind käme und ihr die Blüten zerzauste? Was, wenn ihre Blüte nicht so schön würde wie die der anderen? Was, wenn ihre Blätter von Läusen zerfressen würden? So zögerte sie Woche um Woche, Monat um Monat; und dann kam die Zeit, die letzte Zeit, kurz bevor der Winter eintrat, in der noch eine Chance war aufzublühen. Die Rose wusste, dass sie, wenn sie jetzt nicht blühte, dem Winter und seinen zersetzenden Kräften anheimfiele, ohne jemals geblüht zu haben. Und dann, es war ein wunderschöner Herbstmorgen, die Sonne breitete ihre glutroten Strahlen über den Garten aus, auf einmal öffnete sie ihre Blütenblätter und blühte einfach.

Im Fluss des Lebens und seiner Ereignisse ist es nie zu spät, um zu geben oder zu empfangen, denn alles kommt zu *seiner* Zeit. Wann immer uns aus tiefstem Herzen ein Wunsch gegeben ist, wird das Leben eine Möglichkeit finden, uns Erfüllung zu geben, wenn wir nur das Unsrige tun, d.h., unser Selbst hervorzubringen und zu leben.

Es gibt Menschen, die haben völlig zu Unrecht ein schlechtes Gewissen, wenn es um das Annehmen geht, und blockieren damit unnötigerweise sich selbst und damit den Gott in ihrem Inneren. Sie sagen sich etwa: »In Indien hungern so viele Kinder, wie kann ich den Tauchkurs auf den Malediven annehmen, den mir meine Kinder zur Pensionierung geschenkt haben?« Dies sind einfach anerzogene Verhaltensmuster und Glaubenssätze; man will ein »besonders guter« Mensch sein, damit man »in den Himmel kommt«. Dies bedeutet nicht, dass man das Armutsproblem ignorieren bzw. tatenlos bleiben sollte, aber schon in der Bibel heißt es:

»Du sollst deinen Nächsten lieben *wie dich selbst*.«*

Wie wollen wir also unseren Nächsten lieben, wenn wir *uns selbst* bzw. *unser Selbst* nicht lieben, leben und

* 3. Mose 19, 16; Matth. 22, 40.

feiern? Die Fülle ist uns verheißen, wenn wir nach dem »Königreich Gottes«, also nach der richtigen inneren Haltung, trachten; und wer sich scheut, auch einmal etwas anzunehmen, ist wie jemand, der einen Samen lieber auf unfruchtbaren Boden fallen lässt, als ihn mit dankbaren Händen zu empfangen, zu säen und die heranwachsende Pflanze zu hegen und zu pflegen: Es geht ebenso wenig darum, »die Annahme zu verweigern«, wie es nicht gemäß ist, »gierig nach allem zu greifen«, sondern ebendarum, mit Dankbarkeit und geöffnetem Herzen zu warten, bis die Stunde des Empfangens die unsere ist.

Sowohl für das Geben wie auch für das Annehmen gilt, dass Gott »keine anderen Hände als die unseren« hat; um diese Welt in ein Paradies zu verwandeln, braucht er uns.

Menschen wiederum, die meinen, nicht geben zu können, bergen in sich ein Glaubenssystem, das nicht auf die Fülle vertraut. Ein Geizkragen mag sich denken: »Alles ist so knapp auf der Welt, wenn ich nicht alles, was ich bekommen kann, an mich nehme, dann kann ich nicht überleben.« Dass uns das Leben, dieses Spiel in Zeit und Raum, Achtsamkeit im Umgang mit Begrenzungen abverlangt, ist klar; doch geben wir dem Kaiser, was des Kaisers ist, und Gott, was Gottes ist.* Das bedeutet, dass wir dort, wo es um den Umgang mit Begrenzungen geht (Zeit, Geld, Arbeitskraft etc.), das

* Vgl. Matth. 22, 21; Markus 12, 17; Lukas 20, 25.

»rechte Maß« finden sollen, und dort, wo wir in einer Unbegrenztheit leben (Liebe, Freude, Seligkeit), die Fülle des Universums ausgießen und empfangen dürfen und dies auch sollen:

> »Alles, was ihr besitzt, wird irgendwann gegeben werden.
> Deshalb gebt jetzt, damit die Zeit des Gebens die eure ist und nicht die eurer Erben…
> Denn in Wahrheit ist es das Leben, das dem Leben gibt – während ihr, die ihr euch für Gebende haltet, nichts anderes als Zeugen seid.«*

Unser Geben ist ein Weg Gottes, seine Güte zum Ausdruck zu bringen, und durch unser Empfangen hat Mutter Erde eine Möglichkeit, sich von der Last ihrer Früchte in dankbare Hände hinein zu befreien und jene dem Höchsten in uns zu weihen.

Geben und Nehmen gehören zusammen wie das Ein- und Ausatmen. Wir müssen das eine tun, um das andere zu können.

Reichtum und Fülle können beständig sein oder auch nicht. Angesichts der Unendlichkeit Gottes sind wir nur der Verwalter und Nutznießer unserer materiellen Schätze. Wir sind nackt auf die Welt gekommen und werden sie ohne Hab und Gut wieder verlassen. Alles

* Khalil Gibran: *Der Prophet. Im Garten des Propheten*, München 2002; »Über das Geben«.

ist lediglich eine Leihgabe für unser Spiel in Zeit und Raum.

Wenn wir spüren, dass es unsere Aufgabe ist, Geld in eine gemeinnützige Organisation zu geben, sollten wir dies tun, aber nur deshalb, weil wir spüren, dass es *uns* entspricht, nicht unserer Erziehung, unseren Glaubensmustern. Wenn wir zu der Erkenntnis kommen, wir müssen derzeit Geld konservieren und im Geben zurückhaltend sein, sollten wir dies tun, aber nicht, weil Angst vor der Zukunft, Misstrauen gegenüber der Welt und der Menschheit uns plagen. Und wenn wir das Empfinden haben, wir sollten in dem einen oder anderen Fall eher freigebig sein, dann sollten wir dies auch aus tiefstem Herzen tun, in dem Maß, wie es uns und unserer Verantwortung entspricht.

Wenn jemand sagt, er habe »kein Geld«, ist dies in der Regel genauso unwahr, wie wenn jemand sagt, er habe keine Zeit. Jeder hat Zeit, 24 Stunden täglich. Was er damit macht, ist seine Sache. Und jeder hat Geld, der eine mehr, der andere weniger.

Immer wieder kann man erleben, dass es Menschen gibt, die in verschlissener Kleidung durch die Gegend laufen, aber Tausende von Euros für Fortbildungsveranstaltungen, Seminare oder Weltreisen ausgeben – und wiederum andere, die in einer ärmlichen Hütte hausen, sich weder ein Auto noch eine Urlaubsreise leisten, aber in Cafés und Gaststätten jeden Monat vierstellige Beträge lassen. Wenn man glaubt, man habe »kein Geld«, wäre es also wichtig, sich einmal bewusst zu machen: »Wofür gebe ich Geld aus?«, und sich dann zu fragen:

»Ist dies alles für mich wirklich wertvoll und angemessen?«

Das Gleiche sollten wir auch in Hinblick auf die Zeit tun. Es gibt Menschen, die jammern beständig, sie hätten »keine Zeit«, verbringen aber jeden Abend mindestens fünf Stunden vor dem Fernseher. Wieder andere beklagen sich über Zeitmangel, telefonieren aber pro Tag mehrere Stunden mit allen möglichen Leuten, um den neuesten Klatsch zu verbreiten, ohne jemals von der Stelle zu kommen.

Dies alles soll hier nicht verurteilt werden. Doch wenn wir damit Probleme haben, kann uns allein schon die Betrachtung, wofür wir Zeit opfern und Geld ausgeben, dabei helfen, im Umgang mit Zeit und Geld bewusster zu werden und sie besser einteilen zu können.

Übung: Was mache ich mit meiner Zeit/meinem Geld?

Als Übung können Sie sich einmal eine Liste machen, wozu Sie sich folgende Fragen stellen:

- Wofür gebe ich das meiste Geld aus? Was bringt/schadet es mir? In welcher Form will ich es gestalten, damit es für mich stimmig ist?
- Wofür verwende ich die meiste Zeit? Was bringt/schadet es mir? In welcher Form will ich es gestalten, damit es für mich stimmig ist?

Hier kommt jetzt eine Liste für *Geldausgaben* mit Beispielen und ihren eher »vorteilhaften« (+) und »nachteiligeren« (–) Aspekten, dahinter immer stichwortartig Lösungsmöglichkeiten:

1. *Telefonate/Faxrundschreiben* – in der Kommunikation sein (+)/Ablenkung (–). Rundschreiben auf wesentliche Informationen beschränken, Telefonate nur dort führen, wo ein konstruktives Ergebnis erwartet werden kann, Reduktion der Kosten durch Verlegung auf die kostengünstigere Zeit und Reduktion der Nutzzeit mithilfe von Gebührenzählern. Ziellinie: Reduktion der Telefonkosten um 30%.
2. *Bücher und Presseerzeugnisse* – Information und Wissensbildung (+)/Zerstreuung (–). Mehr aus dem Inneren schöpfen, lesen vornehmlich dort, wo es für den Beruf notwendig ist oder der Bildung im weitesten Sinne dient. Ziellinie: nicht mehr als einen individuell angemessenen Betrag pro Monat für Literatur ausgeben.
3. *Cafés und Gaststätten* – interessante Begegnungen und Erlebnisse (+)/Rauch und schlechte Luft (–). Sich mit den für sich »stimmigen« Leuten verabreden und mithilfe der Intuition Stätten ausfindig machen, an denen ich die Leute kennen lerne, die zu mir und meinen Ambitionen passen. Ziellinie: überwiegend zu Hause essen und so Geld sparen.

Kommen wir nun zu einer Liste, in der wir ähnlich unseren *Umgang mit der Zeit* beleuchten:

1. *Sich die Probleme anderer Leute anhören* – ist Teil meiner Aufgabe (+)/kostet Kraft und Energie (–). Erkennen,

dass man nicht alle Probleme der Welt lösen kann, dass der andere ein Recht auf seine Probleme hat, ihm »ein Ohr leihen«, solange es für mich stimmt, danach liebevoll das Gespräch beenden, sich gegebenenfalls ein Zeitlimit setzen. Reduktion des Zeitaufwandes auf 30%.

2. *Meditation, Gebet, Verinnerlichung* – schafft Seelenfrieden (+)/kann Weltentfremdung bewirken, wenn zu exzessiv betrieben (–). Die Meditation als Arbeitsvorbereitung nutzen und nicht als Selbstzweck, die Kraft im Brennpunkt halten, Arbeiten als Meditation.
3. *Reisen* – neue Menschen und Gebräuche kennen lernen (+)/Verlust an Konzentration (–). Reisen als Bewusstseinserweiterung nutzen, die Erlebnisse auf den Reisen individuell umsetzen, die Zeit für die Reisen genießen und die Freiheit der Bewegung als Chance nutzen, sich im »Hier und Jetzt« in fremder Umgebung bereichernd zu erleben.

Neben dem Blick vornehmlich auf die Quantität an Geld und Zeit, die wir geben können, haben wir auch Qualität. Betrachten wir einmal, was für eine Qualität – etwa Mitgefühl und Verständnis, Spiritualität oder Lebensfreude – wir der Welt geben und welche Qualität wir von der Welt eigentlich gern empfangen würden. Vielleicht können wir dabei entdecken, dass dies deckungsgleich ist.

Die Prioritäten neu ordnen

Durch die Gegenwart Gottes in mir,
die *ich bin* und die durch mich wirkt als Ich,
mache ich mir die folgenden Worte bewusst:
»*Ich bin* die geheime Ordnung im
Wesen aller Dinge.
Ich bin die Kraft, die die Ordnung im Atom
wie im Weltall,
im Kleinsten wie im Größten gebiert.
Ich bin die Priorität des Lebens,
die sich stets aufs Neue ordnet, präsentiert
und im Webteppich von Zeit und Raum
in der richtigen Weise einbringt.«

Wenn wir unsere Prioritäten neu ordnen, dann gilt es, zwischen Wesentlichem, Wichtigem und Unwichtigem zu unterscheiden:

- *Wesentlich* ist, was zu unserem *Wesen* gehört, also auf jeden Fall früher oder später einmal durchgeführt werden muss.
- *Wichtig* ist, was Ge*wicht* hat, aber nicht wesentlich ist.

Wenn es wegfallen oder sich nicht verwirklichen sollte, ist es schade, aber nicht tragisch.

- Und *unwichtig* ist, was vielleicht angenehm und sinnvoll sein kann, aber *nicht unbedingt sein* muss.

Die Unterscheidung in Wesentliches, Wichtiges und Unwichtiges ist individuell und bei jedem anders. Für den einen fällt in die zweite Kategorie des Wichtigen ein guter Lebensraum, für den anderen ein schönes Auto und für einen Dritten der Urlaub. Unabhängig davon, was für uns jetzt individuell wichtig ist, ist es wohl von Bedeutung, uns bewusst zu machen, *dass* wir Prioritäten haben. Wenn wir unseren Lebensweg betrachten, dann erkennen wir sehr genau, wo wir bisher unsere Prioritäten gesetzt haben. Auch in typischen Alltagssituationen erleben wir laufend, dass wir, bewusst oder unbewusst, Prioritäten setzen.

Zusätzlich zu der Differenzierung zwischen Wesentlichem, Wichtigem und Unwichtigem brauchen wir noch eine weitere Unterscheidung, nämlich jene zwischen »eilig« und »nicht eilig«. Es gibt Dinge, die pressieren, aber nicht wichtig sind, und solche, die von Belang, aber nicht eilig sind. Meistens gibt es hier gewisse Zwischenstufen – indem wir Klarheit in unsere Unterscheidungen bringen, können wir ausloten, wie wir optimal unseren Tag einteilen.

Wenn es Ereignisse gibt, die unerwartet in unser Tagwerk hineinspielen, entscheiden wir am besten spontan, ob wir das Betreffende sofort erledigen oder ob wir es »in unsere Prioritätenliste einordnen«. Indem wir solch eine Struktur schaffen, eine Art mentale Feingliederung, können wir gelassen sowohl mit dem Dringenden als auch mit dem Wichtigen umgehen.

Eine weitere Unterscheidung, die wir brauchen, sind lang-, mittel- und kurzfristige Ziele (damit ist etwas anderes gemeint als die Aufgaben, die wir eilig erledigen müssen oder für die wir mehr Zeit haben). Auch hier spielt der Faktor Zeit eine entscheidende Rolle. Wenn es uns gelingt, souverän »in der Zeit zu sein«, unsere kurz-, mittel- und langfristigen Projekte gleichzeitig und multidimensional im Auge zu behalten, können wir uns damit wohl fühlen. Dies geschieht, wenn wir immer wieder in unsere Mitte gehen und einmal alle Projekte loslassen. In dem Moment können wir das »ganze Bild« sehen, und die Prioritäten, Dringlichkeiten und Fristen können sich multidimensional und gleichzeitig zu erkennen geben.

Projekte können sich verändern, in dem Fall müssen wir die Energie, die wir dareingegeben haben, zielgerichtet wieder zurücknehmen und gegebenenfalls auf ein anderes Projekt richten können, damit nicht Aufmerksamkeitsströme zu Zielen laufen, die gar keine Priorität mehr haben. Dies tun wir, indem wir uns bei den bisherigen Unternehmungen für die Lektionen und Erfahrungsschätze, die sie uns bereitet haben, bedanken und die Aufmerksamkeit dann ganz auf das Neue richten.

Kennen wir unsere Route, können wir getrost das Segel spannen. Wenn sich die Richtung ändern sollte, müssen wir eben eine Wende vollziehen, aber die Etappenziele, die wir erreichen konnten, haben wir in der Tasche, was wir einmal gewonnen haben, kann uns – zumindest was das Geistige betrifft – niemand mehr nehmen.

Übung: Liste meiner Prioritäten

Erstellen Sie einmal stichwortartig Prioritätenlisten nach den hier genannten Kriterien. Sie werden schon bald sehen, wie allein diese Übung Sie gelassener im Umgang mit Ihren Ambitionen macht. Ihre Ziele können z. B. die folgenden sein.

Lang-, mittel- und kurzfristige Ziele

Langfristige Ziele

1. *Den richtigen Lebensraum/-rahmen* schaffen, der meiner Vitalität und meinen Bedürfnissen entspricht und in dem ich zugleich anderen Menschen das geben kann, was ich gern und freudig zu geben habe;
2. *die »richtigen«*, d.h. mir und meinen Ambitionen entsprechenden, *Freunde finden*, mit denen ich Freiheit und Geborgenheit, Lebensfreude und Tiefgang, Vitalität und Entspannung teilen und mich wohl fühlen kann;
3. *einen souveränen beruflichen Ausdruck finden*, als Bestreben, »Himmel und Erde miteinander zu verbinden«, in Anerkennung durch die mir »zugewiesenen« und mir entsprechenden Menschen.

Mittelfristige Ziele

1. *Das Schreiben zweier Buchmanuskripte* binnen sechs Monaten;
2. *die Entwicklung einer neuen Art, mit Mitmenschen zusammen zu sein* bzw. zu arbeiten, die Lebensfreude und Lebensbejahung mit Tiefgang verbindet sowohl in der Tätigkeit als Unternehmens- und Lebensberater wie auch im Privatleben als Quelle von innewohnender Positivität,
3. Reisen in die Sonne, mehr Vergnügen haben, Flirten, Erotik und Sinnlichkeit als Ausdruck meines Vertrauens in die Kraft des Genießens und *Würdigung der geliebten Mutter Erde.*

Kurzfristige Ziele

1. Die souveräne *Erledigung eines aktuellen Buchprojekts* binnen kürzester Zeit;
2. *eine(n) neue(n), attraktive(n) »LAP« (»Lebensabschnittspartner[in]«) finden,* mit der/dem ich mich zugleich wohl fühlen, Tiefgang, Spiritualität, Vitalität und gemeinsame Kuschelstunden erleben kann;
3. *eine Verbesserung der derzeitigen Lebensqualität* durch Erhöhung des Vital- und Freizeitprogramms (Skilaufen etc.), eventuell die Renovierung der Küche, eine Teilnahme am Aerobic-Kurs, Diskobesuche etc.

Wesentliches, Wichtiges und Unwichtiges

1. Die *Öffnung gegenüber der Außenwelt:* wichtig, wenn die richtigen Kontakte sich ergeben;

2. *Selbstbesinnung*: wesentlich;
3. *Anteilnahme am Leben meiner Freunde:* soweit es zeitlich gut einräumbar, von den anderen gewollt und mit meinen Plänen übereinstimmend ist, wesentlich, ansonsten unwichtig;
4. *geeignete Ernährung, die mir gut tut:* absolut wesentlich;
5. *Fertigstellung meiner Auftragsprojekte:* wesentlich, da sie zugleich ein Spiegel meiner eigenen Entwicklung sind.

Eilig oder nicht eilig (bei mehr oder weniger unerwartet eintretenden Vorgängen)

1. *Flirten und »Kontakten«:* nicht eilig;
2. *sich die Probleme anderer anhören:* relativ eilig;
3. *die überschäumende Milch vom Herd nehmen:* eilig;
4. *die Rechnung für die Kfz-Versicherung bezahlen:* eilig.

Bevor wir an unser Tagwerk gehen, können wir uns noch im Bett einmal in Ruhe vorstellen, wie die Stunden bis zum Abend ablaufen sollen. Was werden wir als Erstes machen wollen, was als Zweites, was dann? Beginnen wir, den Tag »vorzudenken«, dann sind die Denkbahnen bereits eingestimmt, und wir haben eine Ausrichtung, mit der wir gelassener ans Werk gehen können. Dies lässt uns gleichzeitig auch gegenüber Unerwartetem lockerer reagieren.

Abends sollten wir den Tag gedanklich noch einmal

durchgehen, am besten zusammen mit einem guten Bekannten oder Familienmitglied. Es empfiehlt sich auch ein gemeinsamer Spaziergang vor dem Schlafengehen, so kann der Tag »von der Seele gelaufen« werden, die Seele kann »frei geredet« werden, und man kann bei der Gelegenheit auch schauen, ob man die Prioritäten einhalten konnte, ob sie richtig gesetzt waren und ob man sie für den nächsten Tag neu und/oder anders ordnen muss.

Nach einer guten Rückschau, die für unsere Weiterentwicklung wichtiger ist als so manche fernsehabendliche Talkshow, können wir zielgerichtet, dankbar und positiv gestimmt einschlafen. Unser Unterbewusstsein kann nachts für uns arbeiten, und wir können nach einem geruhsamen Schlaf zielgerichtet wieder in den nächsten Tag gehen.

Die Wahrheit hinter dem Schein erkennen und nach ihr leben

Durch die Gegenwart Gottes in mir,
die *ich bin* und die durch mich wirkt als Ich,
mache ich mir die folgenden Worte bewusst:
»Indem ich mein Bewusstsein auf die göttliche
Gegenwart, die *ich bin*, richte und
in jedem und allem das Göttliche zu
erkennen bestrebt bin,
offenbart sich die eine Wahrheit hinter dem
Schein und
lässt mich teilhaben an den Wundern der
Schöpfung,
den Geheimnissen der Zeit und der Existenz
von allem, was ist.«

Wir sollten bestrebt sein, die Wahrheit hinter dem Schein zu erkennen, denn die Dinge sind meistens nicht so, wie sie aussehen. Hinter fast jedem Großmaul verbirgt sich ein Feigling, so manch eine tolle Gelegenheit erweist sich als Flop, und schon viele vermeintliche Kleinigkeiten wurden mit einem Mal bedeutungsvoll.

Die indische Philosophie besagt, diese Welt sei »Maya«, auf »Täuschung« bzw. Schein aufgebaut. Dem liegt eine tiefe Erkenntnis zugrunde. Aber schon wenn wir uns mit verschiedenen Menschen über ein und dasselbe Thema unterhalten, erkennen wir, wie viele Ausdrucksformen von »Wahrheit« es gibt. An »der Wirklichkeit« ist nichts zu rütteln, aber in Worte gefasste »Wahrheiten« existieren so viele, wie Menschen auf der Erde sind.

Wahr ist für uns das, was *uns* plausibel erscheint. Damit ist »Wahrheit« zuerst einmal sehr individuell. Dann gehen wir mit dieser Wahrheit »hinaus in die Welt« und erproben, ob sie für uns stimmt. In vielen Fällen erkennen wir, dass wir uns geirrt haben; wir sind »ent*täuscht*«, was aber im positiven Sinne »von einer *Täuschung* befreit« bedeutet: Der Traumprinz erweist sich als Trampel; oder das mechanistische Weltbild, wie wir es damals noch im Physikunterricht vermittelt bekamen, wird durch die mittlerweile auch gar nicht mehr *so* neuen Erkenntnisse der Quantenphysik relativiert…

> »Die Wahrheit finden wollen, ist Verdienst,
> wenn man auch auf dem Wege irrt.«
>
> *Georg Christoph Lichtenberg*

Im Falle einer Enttäuschung gilt es aber nicht, verbittert zu sein, sondern zu erkennen, dass wir unsere bisherige

Wahrheit durch eine neue ersetzen müssen. Indem wir *wahrhaftig* leben, d.h. – im positiven Sinne – an der *Wahrheitssuche haften*, kommen wir der Wirklichkeit im Idealfall immer mehr auf die Spur. Vielleicht ist dies ein Grund, warum ein großer geistiger Lehrer einmal sagte, er habe keine Angst vor der Wahrheit, wo immer und in welcher Form auch immer er sie fände.

Indem wir bereit sind, die Wahrheit hinter dem Schein zu suchen, werden wir zu dem, was man auch einen »friedvollen Krieger« nennt.

Im Duft einer Rose finden wir eine Wahrheit, allerdings eine weniger fassbare – und ist das Lächeln im Auge eines Kindes oder einer/eines Geliebten nicht *wahr*…? In der Suche nach Wahrheit berühren sich Schwert und Rose: Die unterscheidende Klinge des messerscharfen Verstandes und die hoch entwickelten Sinne des Poeten – beide suchen nach dem Ausdruck der Wahrheit und verwirklichen ihn, jeder auf seinem Weg.

Was heute noch als richtig gilt, kann morgen schon als falsch bezeichnet werden, dies trifft für den Poeten zu wie für den intellektuellen Sucher – die Rose kann bereits verblüht, die Erkenntnis schon überholt sein. Einen Vorteil allerdings hat der Poet mit seiner Sicht der Welt gegenüber dem Scharfsinnigen: Auch wenn die Rose schon verblüht ist, seine Verse sind ewig.

Wahrheit ist der authentische Ausdruck im Hier und Jetzt, und das ist der einzige Ort und die einzige Zeit, wo sie zu sein hat. Jeder hat das Recht auf seine eigene Art, die Welt zu sehen; und wenn der nächste Tag kommt, erlebt er sie möglicherweise ein wenig anders.

Problematisch werden kann die Wahrheitssuche deshalb bei so genannten Commitments. Commitments sind Verpflichtungen, die wir aufgrund einer als »wahr« erkannten Voraussetzung eingegangen sind. Wir haben uns entschieden, einer Firma beizutreten, ein Projekt durchzuziehen oder mit einem Menschen eine Lebensgemeinschaft zu begründen. Commitments sind etwas, was uns auf unserer Zeitspur hält und uns Kraft geben kann. Commitments sollten auch erfüllt werden, wobei die Verpflichtung aber im Prozess liegt, nicht im Ergebnis.

Die Situation, aufgrund deren wir ein Commitment eingegangen sind, mag sich verändert haben. Eigentlich ist das fast immer der Fall, doch das Commitment lässt uns unserer Vereinbarung die Treue halten, auch wenn unser Standpunkt sich bereits verändert hat. Eine gegenseitige Verpflichtung kann sich beispielsweise etabliert haben, ohne dass der beabsichtigte Erfolg eingetreten ist, etwa wenn zwei Menschen, die sich füreinander entschieden haben, feststellen, dass es nichts mehr gibt, was sie berührt, und sie sich nichts mehr zu sagen haben. Auch hier gilt zwar die »Faustregel«: Wann immer uns noch etwas bewegt, ist das Commitment noch nicht »abgelaufen«. Denn so entstehen Strukturen, die allerdings angepasst an die Veränderungen beweglich und nicht starr gestaltet werden können. Fühlen wir aber, dass die Voraussetzungen für die Aufrechterhaltung des Commitments absolut nicht mehr gegeben sind, sollten wir auch dies kommunizieren und in aller Gelassenheit neue Perspektiven suchen.

II. Entspannungstraining

Wie Gedanken den Körper beeinflussen

Durch die Gegenwart Gottes in mir,
die *ich bin* und die durch mich wirkt als Ich,
mache ich mir die folgenden Worte bewusst:
»Ich habe Gedanken, aber *ich bin nicht*
meine Gedanken.
Als das Bewusstsein, das ich bin und das in die
Mentalebene hineinstrahlt,
kann ich die dynamische und beeinflussende Kraft
der Gedanken erlauben,
aber ich muss dies nicht tun. *Ich bin* frei von der
Zwanghaftigkeit,
auf Gedanken oder Suggestionen reagieren
zu müssen.
Ich bin frei, sie alle durch mich durchfließen
zu lassen, ohne darauf zu reagieren.
Ich bin frei, jederzeit in Meditation zu gehen
oder meine Gedanken im Gebet auf das Göttliche
zu richten,

das durch alles und hinter ›allem, was ist‹,
lebt und wirkt.«

Gedanken sind Energie. Üblicherweise werden unsere Gedanken von der Außenwelt gesteuert. Das Fernsehen, die Straßenreklame, die anderen Menschen lenken unsere Aufmerksamkeit, und in diesem Strom versuchen wir, so gut wie möglich zurechtzukommen. Wir sind es gewohnt, dass wir »gedacht werden« und »etwas da draußen« dafür sorgt, dass in uns ein Räderwerk voller innerer Bilder, »mentaler Schallplatten« etc. in Gang gehalten wird. Durch Wiederholung der Aufmerksamkeitslenkung entstehen in unserem Gehirn »Denkrillen«, die sich umso tiefer eingravieren, je öfter sie scheinbar bestätigt werden.

So fällt es uns im Laufe der Jahre immer schwerer, mit festgefahrenen Gewohnheiten zu brechen, ob es das Rauchen ist, der tägliche Alkoholkonsum oder auch nur das Auskommen ohne ganz bestimmte Umstände.

Wir leben in einer Zivilisation, die nicht alle Menschen gleichermaßen bevorzugt, so wie es die nährende »Mutter Natur« tut. Wir leben in einer Welt, in der aus der Tendenz des Menschen, Anhaftung an Gewohnheiten zu suchen, Kapital geschlagen wird. So gibt es Stammtische, Stammkneipen bis hin zu den Stammfreiern der Hure. Sinnvoll wäre es hier in vielen Fällen, sich zu entkonditionieren; aber kaum jemand tut dies freiwillig, scheinen doch die Verlockungen, die in der Bestätigung einer eingefahrenen »Denkrille« liegen, übermächtig zu sein.

Fernseh-, Ess-, Nikotin-, Klatsch-, Arbeitswut u. dgl. sind Aberrationen, Spiegelungen einer Projektionsfläche, die wir oft nicht mal mehr kennen. Das Leben möchte, dass wir als kreative Wesen selbst denken, statt »gedacht zu werden«. Doch wer nicht bereit ist, ständig auf der Suche zu sein, wird »süchtig«.

Suchtverhalten aber führt zur Degeneration der eigenen Lebenskräfte, des Selbsterhaltungstriebs und des Wunschs, das »eigene« Leben zu leben und die Spielregeln des Lebens zu verstehen, um so »seinem« Weg und »seiner« Wahrheit näher zu kommen.

Solange wir »gedacht werden«, haben wir einen passiven, negativen »Spin« – eine Gedankenformation, die nicht aus der Göttlichkeit der Gegenwart des »Ich bin«, sondern aus dem erwächst, was uns »von außen« serviert wird. Sobald wir beginnen, aus uns selbst heraus kreativ zu denken, drehen wir den »Spin« um in eine Positivspirale. Wir sind wieder kreativ, schöpferisch, autonom. Nicht, dass dann sofort immer »alles klappen« muss, nicht, dass wir mit unserer Schöpfungsidee die Welt oder auch nur unseren Nächsten positiv verändern könnten; aber wir beginnen, mehr und mehr Verantwortung für unser Leben zu übernehmen und dadurch andere zu ermuntern, dies ebenfalls zu tun.

Gelassenheit in Bezug auf eingefahrene Denkrillen und oktroyierte Gedankenformen bedeutet, die Außenreizabhängigkeit loszulassen und die Kraft des eigenen kreativen Denkens segensreich zu nutzen.

So, wie wir von unseren Denkrillen abhängig geworden sind, können wir die Kraft des Denkens auch einsetzen, um unseren Körper dahin gehend zu beeinflussen, dass wir uns mehr und mehr von unseren Konditionierungen befreien. Jeder Gedanke, den wir denken, beeinflusst nämlich unseren Körper. Obwohl sie selbst unsichtbar bleiben, sind Gedanken nicht unwirksam. Ihr »Effekt« ist sogar oftmals direkt sichtbar und am Körper ablesbar.

Übung: Saure Zeiten

Schließen Sie einmal die Augen und denken Sie an eine Zitrone. Erleben Sie innerlich, wie prall und saftig sie ist. Stellen Sie sich vor, Sie schälen diese Zitrone. Spüren Sie, wie der Saft an Ihren Händen herunterläuft. Und dann beißen Sie in Ihrer Vorstellung fest in die Zitrone hinein und kauen sie.

Beobachten Sie, was mit Ihrem Körper geschieht: Wenn Sie es »richtig« gemacht haben, läuft Ihnen das Wasser im Mund zusammen, und dies, obwohl Sie gar nicht in eine wirkliche Zitrone gebissen, sondern nur gedacht haben, Sie würden in eine ebensolche beißen – das ist quasi ein klassischer Beweis dafür, wie Gedanken den Körper beeinflussen können.

Das Wissen, dass Gedanken den Körper beeinflussen, machen sich übrigens auch »Zirkushypnotiseure« zunutze. Sie versetzen beispielsweise jemanden in Hypnose und lassen ihn dann in eine Zitrone beißen, suggerieren ihm aber dabei, die Zitrone sei ein süßer Pfirsich. Der Hypnotisierte sagt dann meist etwas wie: »Ach, wie süß!«, und schleckt sich die Finger nach dem Saft ab …

Durch die Kraft der Suggestion haben Hypnotiseure Menschen zwar auch geheilt, wobei dieses Prinzip aber überdenkenswert ist. Der Klient läuft jetzt mit einem »geheilten Symptom« durch die Weltgeschichte – die Kopfschmerzen sind weg, die Nervosität ist scheinbar geheilt –, aber er hat in sich gleichzeitig eine Prägung durch den Hypnotiseur erhalten. Sobald er kann, sollte er deshalb *Eigen*verantwortung für das Symptom übernehmen und sich darum bemühen, sich durch Gedankenkraft und Selbsterkenntnis* so weit, wie dies möglich ist, in einen Heilstrom einzuklinken.

Nach dem Prinzip der Suggestion soll übrigens auch der Feuerlauf funktionieren – wenn man stark genug daran glaube, das Feuer sei nicht nur ein Freund, sondern mild und angenehm warm wie ein warmer grüner Rasen, könne man über heiße Kohlen gehen, ohne Brandblasen zu bekommen (das sollte man allerdings, wenn überhaupt, nur nach Anleitung eines wirklich erfahrenen »Motivationstrainers« o.dgl. probieren).

Auch Ihr abendlicher Krimi beweist im Augenblick der höchsten Spannung die Suggestionskraft der Ge-

* Für die Selbsterkenntnis im Zusammenhang mit Erkrankungen kann das Buch *Krankheit als Symbol* von Ruediger Dahlke (München 2002) eine Hilfe sein.

danken auf den Körper: Ihr Puls erhöht sich, Ihr Blutdruck steigt, und dies, obwohl gar keine wirkliche Gefahr vorhanden ist, sondern nur Illusionen auf einer Mattscheibe mittels elektronischer Reflexe oder Buchstaben auf einer Buchseite in Ihnen die Gedanken an eine Bedrohung signalisieren.

Übung: Die Sonne herbeiholen

Probieren Sie einmal Folgendes aus: Wenn Sie sich »depressiv« fühlen und es ein schrecklich verregneter (November)tag ist, stellen Sie sich einfach einmal mit aller Gedankenkraft vor, dass Sie an einem wunderbaren Sandstrand liegen und die Sonne in Ihrem Herzen aufgeht – ganz sicher werden Sie sich schon dadurch besser fühlen.

Wenn wir Gedanken nutzen, um Realität zu verändern, haben wir erst einmal einen lediglich begrenzten und temporären Effekt. Wir haben zwar wie vielleicht in der Übung *innere* Sonne getankt, doch die Realität würde uns spätestens dann wieder einholen, wollten wir nach einem Phantasieurlaub im T-Shirt in den Novemberregen gehen.

Wir können mithilfe unserer Gedanken und Phantasien unseren Körper und seine natürlichen Signale überlisten, und manchmal hilft uns das auch über die eine oder andere schwache Stunde hinweg. Phantasieurlaube sind eine Art kostenlose »Droge«, die wir uns geben können, allerdings mit allen Vor- und Nachteilen, die eine solche hat.*

Wenn die »Phantasieurlaube« bzw. der Nutzen, den wir aus ihnen schöpfen, nicht in realistische Handlungen überführt werden können, ist die Gefahr gegeben, dass wir uns in eine imaginäre Traumwelt flüchten. In einem solchen Fall mögen wir davon träumen, wie unser Märchenprinz oder unsere Märchenprinzessin uns liebkost, doch stünde dieser Mensch tatsächlich vor unserer Tür, würden wir damit überhaupt nicht klarkommen können, denn auf einmal haben wir ja einen wirklichen Menschen, eine wirkliche Beziehung oder einen wirklichen »Traumjob« in einem Leben, das *immer* Höhen *und* Tiefen hat. Phantasieurlaube u.dgl. sind nur eine wunderbare Möglichkeit, sich ein wenig aufzuheitern, wenn wir die daraus erwachsende Energie zu einer positiven Umsetzung in unser praktisches Leben nutzen können.

Wenn wir uns etwas erträumen, ist es sinnvoll, sich anzuschauen, welche Glaubenssätze einem *wirklichen* »Urlaub für immer« noch im Wege stehen, und an diesem Bereich zu arbeiten. Verbinden wir Realität mit Phantasie, könnte dies uns und unserem Ausdruck im Leben zum Segen gereichen:

- Wenn Sie von einem *Traumpartner* träumen, dann genießen Sie ruhig die Liebkosungen, die Sie in Ihrer Vor-

* In dem Buch *Urlaub für immer* wird detailliert beschrieben, wie sich jeder seine eigene schöne Welt kreieren und dennoch die Abstimmung mit »der Welt da draußen« schaffen kann (Klaus Jürgen Becker: *Urlaub für immer. Der große Ratgeber für Gelassenheit im Alltag*, Köln 1999).

stellung austauschen. Zugleich aber prüfen Sie, welche Glaubenssätze und Eigenschaften Sie an einem Erleben dieser Realität behindern. Glauben Sie, dass Sie am falschen Ort leben, um »so etwas« erleben zu können? Glauben Sie, dass Sie nicht die richtigen Charaktereigenschaften für solch ein Erlebnis haben? Imaginieren Sie doch einmal, dass Sie immer mehr der richtige Partner für einen derart attraktiven Menschen werden. Auch dadurch werden Sie Ihren Körper positiv beeinflussen können.

- Wenn Sie von einem ganz bestimmten *Job* träumen, genießen Sie Ihren Traumjob im Geiste. Zugleich aber prüfen Sie, was Sie daran hindert, dass Sie einen solchen tatsächlich auch bekommen; und erleben Sie, wenn Sie möchten, wie Sie immer mehr der Mensch werden, der solch einen Job optimal ausfüllen kann.

Die Phantasie kann Realität verändern, sie muss es aber nicht. Metaphysiker nennen die Ebene der phantasievollen Wunscherfüllung »Mentalebene« und die Möglichkeit, durch kreative Gedanken Realität zu verändern, »Mentaltraining«. Jenseits der Mentalebene aber ist eine höhere Ebene – wir können sie ruhig die »Ebene der Religion« nennen. Dort finden Einflüsse ganz anderer Art statt.

Während die Mentalebene sich ständig mit dem auseinander setzt, was wir wollen und was wir nicht wollen, führt uns die Ebene der Religion zu einer Rückverbindung anderer Qualität. Wer die Ebene der Religion sucht, findet einen inneren Frieden, den Wunscherfüllungen nicht geben können. Er lernt, das Weltengeschehen zu verstehen, und erkennt, wie ein »Zahnrad des Weltengetriebes« in das andere greift. Er richtet seine Gedankenkraft auf die höchste Quelle, die »Ich-bin-Gegenwart« und das Vaterbewusstsein in sich und im ganzen Kosmos. Hier finden wir die Ebene, wo Gebet und Meditation sich treffen: Im Gebet sprechen wir zu Gott, in der Meditation spricht Gott zu uns.

Gebet und Meditation sind die heilendste Art und Weise, wie wir mit uns umgehen können, denn sie verbinden uns mit der Quelle selbst. Wer aber ganz persönliche Anliegen in einer Welt der Polarität hat und seine Gedankenkraft für das Mentaltraining einsetzen will, soll dies tun, es ist nicht unreligiös, sich auch durchaus »weltliche« Wünsche zu erfüllen. Dort, wo ein Wunsch brennt, möchte er »abgefackelt« werden – und zwar in Liebe und zur rechten Zeit, dann, wenn es in den Gesamtplan der Seele hineinpasst. Wer sich in Sehnsucht auf höhere Welten etwas verkneift, ist noch nicht reif dafür. Wer davon träumt, sich einen James-Bond-Film anzuschauen, sollte dies tun. Nur so kann er möglicherweise über »007« hinauswachsen, vielleicht zu »008«, dem »Agenten mit der Lizenz, zu lieben und zu segnen«...

Ein Mann kam zu Buddha,
er wollte sein Schüler werden.
Und Buddha fragte ihn:
»Warst du schon einmal unkeusch gewesen?
Hast du dein Leben schon einmal in vollen Zügen
genossen? Hast du Wein, Weib und Gesang erlebt?«
Und der Suchende antwortete: »Nein, Herr.«
Buddha sagte: »Gehe hin,
tue jenes; und dann komme wieder.«

Gelassenheit im Umgang mit Gedanken bedeutet auch, die Gedanken »durchzulassen«, die momentan nicht zu einem passen. Wenn jemand uns mit Gedankenformen traktiert, die unserem Ausdruck nicht entsprechen, können wir uns verhalten wie die europäischen Zöllner, seitdem die Grenzen weggefallen sind – einfach nur durchwinken. Wie dies gehen kann, beschreibe ich im nächsten Kapitel.

Gedanken beobachten, ohne zwanghaft zu reagieren

Durch die Gegenwart Gottes in mir,
die *ich bin* und die durch mich wirkt als Ich,
mache ich mir die folgenden Worte bewusst:
»So wie sich die Welt in der Gegenwart, die *ich bin*, spiegelt,
so bin ich unberührt von den Gedanken,
Projektionen, Glaubensmustern, Gefühlen und Empfindungen der Welt.
Ich bin identifikationslos mit der Fähigkeit ausgestattet,
mich mit jedem und allem zu identifizieren – oder auch nicht.«

Gedanken sind zwar unsichtbar, aber nicht unwirksam, dies gilt für Gedanken, die wir auf andere projizieren, ebenso wie für solche, die andere auf uns projizieren, z. B. kann Folgendes durchaus passieren:

- Jemand denkt über uns: »Mit diesem Menschen hätte ich gern eine Romanze«; und auf einmal denken *wir* an jenen Menschen voller Liebessehnsucht und sind uns gar nicht bewusst, dass dies *dessen/deren* bewusste oder unbewusste Gedanken sind.

- Wir sehen an einer Plakatwand eine Frau/einen Mann abgebildet, die/der so ähnlich wie unser(e) ehemalige(r) Freund(in) aussieht, und fühlen uns stundenlang in einer wehmütigen Melancholie, bis wir erkennen, dass wir mit unseren Gedanken in der Vergangenheit festhängen und das Bild als »Auslöser« gewirkt hatte, um eine alte »Schallplatte« wieder einzulegen. So entstehen übrigens auch »Rückfälle« jedweder Art in die eingefahrenen Denk- und Erlebnis»rillen«.
- Jemand spricht in einer Art zu uns, die uns an unseren Vater erinnert; sofort beginnen wir, uns fast wie ein kleines Kind zu verhalten, obwohl wir in einer geschäftlichen Verhandlung sitzen.

Insbesondere Kritik oder abweisendes Verhalten durch eine Machtperson kann in unserem Inneren eine Resonanz für Gedankenformen finden, weil jene die Göttlichkeit der uns innewohnenden »Ich-bin-Gegenwart« leugnet. Eine Machtperson ist für uns in diesem Zusammenhang jemand, von dessen Einfluss wir uns abhängig fühlen, der unsere Lebensqualität beeinflussen kann oder von dem wir aufgrund unserer Glaubenssätze annehmen, dass er dies vermag. Das kann der Chef sein, der Gerichtsvollzieher, die Polizei, der Ehepartner, die Eltern, der Vermieter, die Nachbarn usw., wenn sie z. B. Folgendes tun:

- Der Chef rügt uns, und wir fühlen uns beschämt.
- Der Ehepartner zieht sich zurück, und wir fühlen uns befremdet.
- Der Hausbesitzer bemäkelt den Zustand unseres Vorgartens, und wir haben Angst vor der Kündigung unseres Mietverhältnisses.

Wir spüren unsere Reaktion auf Gedanken und Gedankenprojektionen in der Regel erst einmal emotional: Sie lösen Gefühle in uns aus. Für die Arbeit mit Gedankenprojektionen ist das Gefühl unser Wegweiser. Sobald wir uns unwohl fühlen, sollten wir deshalb den Gedanken, die uns umgeben, auf die Spur zu kommen suchen. Wir können uns nämlich von ihnen nur befreien, wenn wir uns ihrer gewahr werden. Solange wir uns der Gedanken, die uns umgeben, nicht gewahr sind, haben sie uns »in der Hand« und führen in uns möglicherweise zu Zwangsreaktionen. Indem wir lernen, sie wertfrei wahrzunehmen und uns gleichzeitig auch von ihnen zu distanzieren – etwa indem wir denken: »Aha, da sind diese Gedanken, und hier bin ich« –, werden wir frei von ebenjenen Projektionen. Wir identifizieren uns dann nicht mehr unbewusst mit irgendwelchen Gedanken, sondern können aus der »Ich-bin-Gegenwart« wählen, bestimmte Gedanken zu haben und um uns zu haben – oder eben auch nicht.

Manche Leute glauben, Vodoopriester könnten durch einen einzigen Gedanken, den sie gezielt auf einen Menschen projizieren, sogar töten. Ich kann mir im weitesten Sinne vorstellen, dass so etwas funktionieren mag –

aber wenn, dann nur so lange, wie das Opfer sich der Gedanken in seinem Umfeld nicht bewusst ist.

Wenn wir uns bewusst werden, welche Gedanken durch uns fließen und um uns sind, können wir uns von ihnen »entidentifizieren«.

Statt zwanghaft zu reagieren, sagen wir dann etwas wie: »Aha, da ist der Gedanke, jetzt sofort etwas unternehmen zu müssen, aber ich muss es nicht wirklich tun.« Allein dieses Sich-bewusst-Machen der uns momentan durchfließenden und umgebenden Gedankenformen kann uns an unsere Göttlichkeit erinnern. Wir kommen dann sehr wahrscheinlich zu einem Schluss ähnlich diesem: »Nun gut, alle diese Gedanken sind da, aber sie sind nicht die göttliche Gegenwart, die *ich bin*!«

Übung: Was ist los?

Erstellen Sie eine Liste. Wählen Sie die Überschrift »Was ist los?«. Schreiben Sie möglichst alle Gedanken, Gefühle, Glaubenssätze auf, die Sie haben. Notieren Sie alles, was Sie bewegt, bis Ihnen nichts mehr einfällt. Es spielt dabei keine Rolle, ob diese Gedanken die Projektionen eines Fremden oder Ihre eigenen sind, ob es sich um Empfindungen, Gefühle, Glaubenssätze, Erkenntnisse oder was auch immer handelt. Gehen Sie mit allen einzelnen Wahrnehmungen um wie mit Fremden, als ob Sie viele Personen in einem Raum sähen. Geben Sie ihnen so objektiv und genau wie möglich Bezeichnungen, z. B.:

- Unwohlsein,
- ein Klumpen im Bauch,
- der Wunsch, Distanz von X zu gewinnen,
- die Frage, ob man sich dem Leben ausliefern soll oder nicht,
- ein Nichtverstehen der derzeitigen Situation,
- die Frage, ob ich den Urlaub in Griechenland antreten oder zu Hause bleiben soll,
- ein Gefühl, als würde einem der Teppich unter den Füßen weggezogen,
- die Erkenntnis, dass ich nicht meine Gedanken »bin« … usw.

Notieren Sie so lange alle Gedanken, Gefühle, Empfindungen usw., bis Sie spüren, dass der Strom der Dinge verebbt. Sie können sich auch vornehmen, genau eine DIN-A4-Seite voll zu schreiben.

Wichtig bei den Übungen ist allein die Bewusstmachung, denn: »Feind erkannt (aufgeschrieben) = Feind gebannt!«

Es wird in der Regel so sein, dass Sie allein durch das Aufschreiben einen klaren Kopf und ein freies Gemüt bekommen, doch das ist nicht immer so. Gedanken haben nämlich wie gesagt die Tendenz, sich an Ihre Emotionen zu heften. Um uns von Gedankenprojektionen zu befreien, müssen wir die Gedanken von den Gefühlen, an die sie sich geklammert haben, wieder trennen. Wir können es etwa so formulieren:

»Wir manifestieren etwas,
indem wir in einem Akt der Verdichtung
Gedanken mit Gefühl beleben,
das Gefühl in den Gedanken pressen.

Wir befreien uns,
indem wir in einem Akt der Ausdehnung
Gedanken und Gefühl trennen,
das Gefühl wertfrei wahrnehmen
und ihm einen Namen geben.«

Übung: Das Bild als Ganzes erfühlen

Lesen Sie Ihre Liste noch einmal. Nehmen Sie alle Bausteine der Liste wie Bestandteile eines großen Gemäldes und erfühlen Sie das Bild als Ganzes. Fühlen Sie, wie es ist, in diesem Gemälde zu sein. Atmen Sie sich in das Bild hinein, dehnen Sie sich in dem Gesamtgefühl aus. Stellen Sie sich vor, Sie seien ein Luftballon, der sich aufbläst inmitten dieser Projektionen, bis er vollkommen aufgeblasen ist, es nicht mehr weitergeht und am Rande des Luftballons eine andere Welt existiert.
Verbinden Sie dieses Gefühlsbild mit einer möglichst emotional unbeteiligten Beschreibung, z. B. »Das ist gefühlsmäßige Irritation«. So wie Sie einen Blumenkohl benennen, ganz neutral. Dann machen Sie sich bewusst: »Dieses Erleben ist nicht die Gegenwart Gottes, die *ich bin*, es ist eine Gedankenprojektion.«
Mit dem Ausatmen ziehen Sie sämtliche Energie aus dem Bild, so wie Sie die Luft aus einem Luftballon entlassen, er-

leben Sie, wie mit Ihrem Ausatmen die gesamte Formation zusammenschrumpft. Durch das Bewusstmachen der Gedanken, die Sie umgeben, durch die Bereitschaft, die Energie des Gesamtbilds zu fühlen, sich darin auszudehnen, ihm einen Namen zu geben und sich dann davon zu distanzieren, erreichen Sie eine »Entidentifizierung«, die Ihnen wieder einen klaren Kopf und freie Möglichkeiten gibt.

Durch die Arbeit mit der Liste »Was ist los?« lernen Sie Tag für Tag, alten Seelenmüll abzulassen, das Verhalten und die Frage »Was ist los?« werden als Bewusstseinsstimulans eingesetzt. Wenn Sie dann ein mulmiges Gefühl haben, denken Sie sofort: »Was ist los?« Die Gedankenprojektionen werden sichtbar. Sie können sie, wo immer Sie sind, bearbeiten – mit der Konsequenz, dass Gedanken und Gedankenprojektionen letztlich keine Macht mehr über Sie haben werden.

»Was bewusst gemacht wird, verschwindet,
was verdrängt wird, bleibt bestehen.«

Werner Erhard

Gelassenheit durch Atementspannung

Durch die Gegenwart Gottes in mir,
die *ich bin* und die durch mich wirkt als Ich,
mache ich mir die folgenden Worte bewusst:
»Obwohl ich ungeboren bin, bin ich doch in allem,
was ist.
Ich bin Atman, der göttliche Atem,
der durch mich fließt.
Indem ich mit dem Atem fließe,
bin ich frei von Zwängen.
Im Bewusstsein meiner wahren Natur erlebe ich
Gelassenheit.
Und dafür bin ich dankbar.«

Der Atem ist der Träger von Gedanken: Ohne Atem könnten wir nicht denken. Atem und Gedanken hängen eng miteinander zusammen; und an dem Zustand unseres Atems können wir den Zustand unserer Gedanken erkennen. Ein Mensch, der angstvolle Gedanken hegt, atmet stoßweise oder flach, je nach Art der Angst. Wer voller Stress machender Gedanken ist, atmet hektisch. Wer sich nur in geistigen Sphären bewegt, atmet

»abgehoben«, der Atem geht nicht hinunter bis in den Bauch. Wer nicht bereit ist zu fühlen, atmet flach und nur in die Brust und verzichtet damit auf dieses wichtige Barometer, das uns immer wieder an die Achtsamkeit und Gelassenheit erinnert.

»Eingeweihte« und Atemtherapeuten wissen um die Kraft des Atmens, z. B.

- werden im *Rebirthing* (s. S. 43) durch heftiges Atmen alte Traumata hochgespült und erlöst;
- bringt im Liebesakt stoßweises Atmen die Energie in Wallung (Paare mit Impotenz oder Frigidität lernen deshalb in *Tantra-Kursen*, stoßweise in ihre Genitalien zu »atmen«);
- atmen sich *Yogis* etwa im Himalaja durch eine bewusst gewählte Atemtechnik »aus ihrem Körper hinaus«, um mit ihrem Astralkörper in andere Sphären zu reisen …

Aber so weit müssen Sie gar nicht gehen; denn schon indem Sie bewusst Ihren Atem verlangsamen, erleben Sie, wie Ihr ganzer Körper mehr und mehr in Gelassenheit kommt und sich auch Ihre Gedanken beruhigen.

Übung: Den Atem verlangsamen

Atmen Sie 4 Sekunden ein und 11 Sekunden aus (dabei sollten Sie innerlich mitzählen). Tun Sie dies zwanzig Atem-

züge lang (mit den Fingern abzählen). Spüren Sie die Entspannung.
Diese einfache Übung können Sie immer wieder im Alltag einsetzen, um sich in die Gelassenheit hineinzuatmen.

Variante: Atmen Sie so lange aus, bis Sie nicht mehr weiter ausatmen können. Verbleiben Sie in diesem Zustand, bis der Körper von selbst nach einem Einatmungszug verlangt. Dann atmen Sie langsam ein, und zwar so lange, bis der ganze Körper voller Sauerstoff ist.
Halten Sie den Atem so lange inne, bis Sie nicht weiter einatmen können. Dann beginnen Sie wieder mit dem Ausatmen.
Tun Sie dies 15 Minuten vor dem Einschlafen (Wecker stellen). Erleben Sie, wie Stress und Sorgen von Ihnen abfallen und Sie in einen tiefen, ruhigen Schlaf gleiten.

Alternativ zur Atem*verlangsamung* bietet sich die Atem*beobachtung* an. Die Technik des reinen Atembeobachtens wurde von Pema Chödrön* in den Westen gebracht und u.a. auch von Osho gelehrt. Man sagt, sie sei die

* Tonglen – das Geben und Nehmen mithilfe des Atmens – ist im Westen durch die Meditationsmeisterin Pema Chödrön bekannt geworden. Sie war Schülerin von Chögyam Trungpa Rinpoche, der sie 1986 zur Leiterin von Gampo Abbey ernannte, einem tibetisch-buddhistischen Zentrum in Kanada. Pema Chödrön hat ihre Praxis in dem Buch *Tonglen. Der tibetische Weg, mit sich selbst und anderen Freundschaft zu schließen* (Freiburg 2001) umfassend beschrieben und auch eine Meditations-CD über Tonglen besprochen: »Good Medicine: How to Turn Pain Into Compassion with Tonglen Meditation« (Sounds True, 2001).

Technik Gautama Buddhas, mit der Tausende Befreiung und Gelassenheit gefunden hätten.

Übung: Den Atem beobachten

Beobachten Sie Ihren Atem einmal bewusst so, als ob er nicht zu Ihnen gehörte, sondern nur durch Sie hindurchströmte. Sie können sich auf eine Körperstelle konzentrieren, z. B. die Nase, wo der Atem beim Einatmen vorbeistreicht. Sie konzentrieren sich auf die Nase und beobachten von da aus den Atem wie ein Torwächter – lassen Sie den Atem kommen und gehen, wie er will. Wichtig ist es dabei nur, darauf zu achten, den Atem weder voranzutreiben noch zu unterdrücken. Sie *spüren* dann intensiv – obwohl Sie es ja eigentlich ohnehin schon wissen – im Laufe der Zeit, dass der Körper von sich aus einen Ein- und einen Ausatmungsimpuls sendet, dass Sie von selbst »geatmet werden«, so wie dies auch nachts ständig von selbst geschieht. (Sollte die Nase verstopft sein, können Sie auch durch den Mund atmen und sich des »Atems im Unterbauch« bewusst werden.)
Während Ihrer Atemmeditation wird eine Unzahl an Gedanken durch Ihren Kopf strömen, die irgendetwas von Ihnen wollen. Da kommt der Gedanke »Ich muss jetzt Fritz anrufen« – wenn das so ist, sagen Sie sich: »Nicht jetzt, jetzt beobachte ich meinen Atem.« Es ist unglaublich, wie stark Gedanken versuchen können, Ihren Körper und Ihr Leben zu tyrannisieren. Wenn Sie Ihre Meditation aber regelmäßig durchhalten, werden Sie erleben, wie Sie mehr und mehr in die Lage kommen, Gedanken einfach

»da sein« und an sich vorbeiziehen zu lassen – wie ebenjener Zöllner in der EU die durchfahrenden Autos passieren lässt –, ohne zwanghaft auf sie zu reagieren.

Durch Ihr tägliches Training lernen Sie, die zwanghafte Beeinflussung durch eigene und fremde Gedanken und Gedankenprojektionen zu überwinden und mit dem »Atem des Kosmos« zu schwingen. Wenn Sie einmal die Stille erkundet haben, die Sie durch Atembeobachtung erwirken können, haben Sie eine wertvolle Technik gelernt, um sich aus Gedankenformationen aus- und in die »Ich-bin-Gegenwart« einzuklinken. Sie können mehr und mehr Gedanken als das lassen, was sie sind: Einladungen, denen Sie und Ihr Körper, Ihre Seele und Ihr Geist folgen können – oder eben auch nicht.

Die autogene Körperentspannung

Durch die Gegenwart Gottes in mir,
die *ich bin* und die durch mich wirkt als Ich,
mache ich mir die folgenden Worte bewusst:
»*Ich bin* das Wort, das formelhaft mit allem ist,
was ist.
Ich bin der Urklang der Schöpfung, Brahma.
Durch die Kraft des Wortes bin ich verbunden
mit der Quelle allen Seins und allem, was ist.«

Die autogene Körperentspannung (autogenes Training) wurde in den 30er Jahren von dem Berliner Psychiater Johann Heinrich Schultz (1884–1970) erstmals in dieser Form praktiziert. Sie basiert auf dem Gesetz, dass Gedanken den Körper beeinflussen. Um sich in Tiefenentspannung zu bringen, wenden Sie Entspannungsformeln an, die Sie sich selbst »eingeben«. Sie sagen die Formeln der autogenen Körperentspannung also im Geiste leise vor sich her.

Aus meiner Praxis heraus habe ich eine abgewandelte Form der autogenen Körperentspannung entwickelt, und zwar mit etwas anderen Formeln, die sich nach meinen Erfahrungen leichter lernen lassen. Wer bereits die Formeln von Dr. Schultz kennt, kann vergleichend beide Techniken ausprobieren.

Sinn der autogenen Körperentspannung ist es, über bewusst gedachte formelhafte Gedanken Einfluss zu nehmen auf die Körperfunktionen, Entspannung, Puls etc.

In einem fortgeschrittenen Stadium können wir wiederum jene Formeln weglassen. Sobald das Bewusstsein in der Lage ist, sich an jenen Zustand zu »erinnern«, werden wir mehr und mehr binnen Sekundenbruchteilen den bereits erlebten Zustand in uns wieder herstellen können.

Übung: Autogene Entspannung

Stellen Sie einen Timer auf 15 Minuten oder üben Sie drei bis fünf Durchgänge.
Legen Sie sich auf eine gerade, nicht zu weiche Unterlage, einen dicken Teppich oder eine Gymnastikmatte. Hüllen Sie sich in eine Decke und legen Sie sich auf den Rücken, das Kinn leicht angezogen, der Hinterkopf liegt auf dem Boden. Gegebenenfalls legen Sie ein Kissen unter den Kopf. Die Arme liegen an der Seite, die Beine parallel nebeneinander. Spüren Sie in Ihre Wirbelsäule hinein und fühlen Sie, wo die Wirbel aufliegen und wo nicht, ohne etwas daran zu verändern. Entspannen Sie Ihren Körper in dieser Lage und sprechen Sie im Geiste die folgenden Formeln:

- »Zehen loslassen«: Spüren Sie, wie die Zehen loslassen, während Sie diese Formel fünfmal sagen.
- »Ich bin ganz still«: Sagen Sie diese Formel einmal.
- »Beine loslassen«: Sagen Sie diese Formel fünfmal, dann wieder: »Ich bin ganz still.«
- »Gesäß loslassen«: Sagen Sie diese Formel fünfmal, dann wieder: »Ich bin ganz still.«
- »Das Herz öffnen«: Sagen Sie dies fünfmal, dann sagen Sie wieder: »Ich bin ganz still.«
- »Schultern loslassen«: Spüren Sie, wie die Schultern sich entspannen, während Sie diese Formel fünfmal sagen. Dann sagen Sie sich wieder einmal: »Ich bin ganz still.«
- »Das ganze Gesicht flach und ohne Ausdruck«: Spüren Sie, wie die Gesichtsmuskeln sich entspannen, während Sie diese Formel fünfmal sagen, dann sagen Sie sich ein weiteres Mal: »Ich bin ganz still.« – Wenn Sie mit diesem Zirkel abgeschlossen haben, beginnen Sie wieder von vorn: »Zehen loslassen…«

Nach der Übung sagen Sie sich einmal: »Ich bin jetzt ganz wach«, ballen dabei die Hände zu Fäusten und atmen dreimal stoßweise aus, während Sie mit jedem Ausatmen die Arme mit geballten Fäusten ruckartig nach vorn strecken. Sofern Sie ein wenig Zeit mit dem Zurückkommen haben, reicht es auch aus, wenn Sie statt der »Wachsuggestion« eine Tasse Tee trinken und langsam wieder zu sich kommen.
Falls Gedanken aufkommen, die Sie zu stören suchen – z. B. »Ach, da ist ja noch etwas zu erledigen« –, kann Ihnen die folgende Formel helfen: »Gedanken völlig

gleichgültig.« Sie haben ja bereits durch die Übung »Den Atem beobachten« gelernt, Gedanken einfach durchzulassen.
Wenn Sie diese Formeln zweimal täglich ca. 15 Minuten einüben, werden Sie erleben, dass Sie täglich besser und besser in Ihrem Training werden.
Im Laufe der Zeit wird Ihr ganzer Körper entspannter und weicher. Verhärtungen in den Muskeln und Gelenken lösen sich auf, und Sie selbst werden in Ihrer ganzen Lebenshaltung gelassener. Die autogene Körperentspannung ist übrigens in der Mittagspause ein guter Ersatz für einen Kurzschlaf.
Für diesen Fall hat sich der »Pharaonensitz« bewährt: Sie setzen sich auf die Vorderkante eines Stuhles, der Oberkörper ist aufrecht, das Kinn leicht angezogen, die Füße stehen parallel nebeneinander, die Knie sind rechtwinkelig angewinkelt. Die Hände liegen auf den Oberschenkeln, Handinnenflächen nach unten. So können Sie auch dort trainieren, wo Sie keine geeignete Bodenunterlage vorfinden.

Die autogene Körperentspannung liefert den Beweis, dass Gedanken tatsächlich den Körper beeinflussen. Bei Yogis geht es sogar so weit, dass sie in das autonome Nervensystem eingreifen und z.B. willentlich den Herzschlag anhalten können. Die Formel »Ich bin ganz still« wird sich im Laufe der Wochen und Monate als Zentralformel einschleifen, Sie werden bemerken, wie im Alltag, gerade wenn die Emotionen oder der

Stress Sie packen wollen, das einmalige Aussprechen der Formel »Ich bin ganz still« genügt, um Sie wieder in die Mitte zu bringen.

Die autogene Körperentspannung hat allerdings auch ihre Grenzen. Es ist eine Übergangshilfe. Wir lernen durch die autogene Körperentspannung einen Zustand kennen, der zwar als wahr erlebt werden kann, aber auf einer Art selbst erzeugter Hypnose beruht.

Jenseits der autogenen Körperentspannung gibt es die Möglichkeit, das Bewusstsein mithilfe von Formeln einer höheren Qualität auf eine Ebene auszurichten, die »nicht von dieser Welt« ist. Hier finden wir die Einstimmung auf die höheren Ebenen der Gelassenheit in der täglichen Gebetspraxis. Jene erwirkt über ihren Wiederholungscharakter auch eine Form der autogenen Körperentspannung, bildet aber zugleich Antennen zu einer schöpferischen Ebene, die uns dann durch den Tag begleiten kann. In der christlichen Tradition ist die bekannteste Form des Gebetes im Vaterunser und die bekannteste Form der Wiederholung im Rosenkranz zu finden.

Das Vaterunser als Wegweiser zur Gelassenheit

Durch die Gegenwart Gottes in mir,
die *ich bin* und die durch mich wirkt als Ich,
mache ich mir die folgenden Worte bewusst:
»*Ich bin* das geliebte Kind meines
himmlischen Vaters,
und aus diesem Wissen kann ich
Gelassenheit entwickeln.
Ich bin eingebettet in einen kosmischen Plan.
Ich werde geliebt vom himmlischen Vater,
von Mutter Erde – ›Terra Gaia‹ –,
dem Funkeln der Sterne,
dem Rauschen des Meeres und dem
Wispern des Waldes.
Ich werde geliebt, wie *ich bin*, und dafür bin ich
dankbar.«

Ich bin der tiefen Überzeugung, dass auf dem Weg zur Erreichung von Gelassenheit das Gebet ein unabdingbares »Hilfsmittel« ist, ohne das wir in letzter Konsequenz nicht auskommen. Indem wir den eigenen Willen ständig mit dem Schöpferwillen in Übereinstimmung bringen, entwickeln wir eine Geisteshaltung, die uns dynamisch und gelassen zugleich sein lässt.

Das Gebet, das sich nach meinen Erfahrungen in unserer Tradition besonders eignet, um Kontakt zu einer höheren Ebene der Gelassenheit aufzubauen, ist das Vaterunser. Es ist eine Information, die uns die westliche Mystik zu bieten hat, ein Geschenk des inneren und äußeren Christus an jeden Einzelnen. Es ermöglicht die Einstimmung unseres »Mentals«, unseres Geistes, auf jene höhere Bezugsquelle, die wir suchen. Das Vaterunser ist eine sinnvolle Einstimmung vor dem Beginn jeder Handlung und Heilung, es ist ein großes Vermächtnis, dessen Schwingung ewige Gültigkeit hat.

Die nachfolgenden Formulierungen bieten eine mögliche Alternative zu den bisher bekannten. Bei der Wortwahl wurde darauf geachtet, die schwingungsmäßige Essenz zu erhalten:

- »Vater unser«: Diese Formel ermöglicht den gedanklichen Anschluss an eine Inspirationsenergie, die als »Quelle« (Vater) die Menschheit verbindet (»unser«) und so Resonanz zur Schwingung der »Vaterschaft« schafft.
- »Der du bist im Himmel und in mir«: Wir aktivieren das höchste Prinzip sowohl im Ideal (»Himmel«) wie in uns (der »Ich-bin-Gegenwart«).
- »Geheiligt werde dein Name und dein Sein«: Wir bewegen uns durch das Nadelöhr der Zeitlosigkeit (»Sein«), um von der »gefallenen« Zeit »der dritten Dimension« (Disstress) in die erlöste Zeit der »vierten

Dimension« (Gelassenheit) zu gelangen. So gilt es, das Sein ebenso zu heiligen wie den Namen/das Wort (»Am Anfang war das Wort, und das Wort war bei Gott, und Gott war das Wort«*). Das Paradigma des »›gefallenen‹ Programms Babel« wird aus der Illusion von Angst, Schuld, Gier regiert. Es ist ein Paradigma der Verzerrung und einer Illusionswelt, in der Menschen leben, die sich ihrer »Ich-bin-Gegenwart« nicht bewusst sind. Durch das Heiligen des Namens bejahen wir den Himmel, der übrigens dort die Erde berührt, wo unsere Füße wandeln, *Sein* und Wort werden wieder eins. Der durch den Namen aktivierte Himmel ist das erlöste Paradigma von Gelassenheit, gelebt in der äußeren Welt.

- »Dein Reich komme«: Diese Formel spricht jene Ebene an, von der Seher und Weise wie Swedenborg, Steiner, Goethe oder Sri Aurobindo berichten. Viele Christen sehen die Beendigung der Sünde identisch mit der »Er-innerung« an jene höheren Welten. »Dein Reich komme« erinnert uns nicht nur daran, wieder zu »Weltenwanderern« zu werden, sondern reflektiert auch gleichzeitig für die Gläubigen das Paradigma des »neuen Jerusalems«. Das »Reich Gottes« ist für die Mystiker jene Wahrheitswelt, in der wir Gelassenheit erleben können.
- »Dein Wille geschehe«: Die »Transzendenz des Ich« ermöglicht die Verschmelzung des Wassertropfens

* Joh. 1, 1.

(Person) mit dem Ozean (Gott, Urquelle). Dies bedeutet nicht eine »Weggabe« des Willens an eine fremde Autorität, sondern die Verschmelzung von *seinem* und unserem eigenen Willen.

- »Im Himmel wie auf Erden«: Diese Formel betont den (Wieder)anschluss der Erde an das Paradigma des Himmels mit dem Menschen als bewusstem Repräsentanten und Verwalter *seiner* Gegenwart.
- »Unser täglich' Brot gib uns heute«: »Täglich' Brot« ist all das, was unser Körper-Energie-System braucht (»das Richtige«), auch Liebe, Wohlgefühl, Segen, Gnade, Zärtlichkeit, nicht jedoch starre Wunschfixierung.
- »Und befreie uns in die Gnade«: Gnade ist jenseits unserer Bemühung, »ein besserer Mensch zu werden«, sie ist ein Geschenk, unabhängig von einem »Es-verdient-Haben«. Mystiker sagen, die Schöpfung brauche Wesen, die an ihren Zieleinlauf, ihr Ideal (indisch: das Dharma) angeschlossen sind und aus ihm heraus leben, statt im Kreislauf der Schuld (indisch: dem Karma) zu verharren.
- »Wie auch wir bestrebt sind, dich zu leben und zu lieben«: Indem wir Gott als »alle Muster durchdringend« erlauben, sind wir durchlässig für *ihn*.
- »Und führe uns in die Weisheit«: *Sophía*, die Weisheit, von vielen als höchste Göttin bzw. göttliche Tugend neben der Liebe geehrt, ist eine Reaktionsweise aus tiefster Zellebene hinaus – Ausdruck bzw. »Visitenkarte« Gottes –, die an das synchrone und das verborgene innere Wissen angeschlossen ist. Wir erkennen und leben uns als Ausdruck von etwas Größerem;

und jenes Gefühl für unser »Richtigsein« als Verwalter einer höheren Kraft können wir in Weisheit erkennen.

- »Und durchdringe unser ganzes Sein«: Ist unser ganzes Sein von *seiner* Gegenwart durchdrungen (s.o., »Wie auch wir bestrebt sind, dich zu leben«), ist es flexibel für »All-es« und verursacht kein unnötiges Leiden. Wir beginnen, als Gebender aus uns selbst heraus Energie abzustrahlen, entwickeln uns zu einem »aus der Mitte Geborenen«. Ein weiteres Geschenk liegt in der Aktivierung der Selbstheilungskräfte und dem Mut und der Kraft, die wir anderen geben können, wenn wir uns von *ihm* (der höchsten Kraft) durchdringen lassen.
- »Denn dein ist das Reich«: Dieser Passus bezieht sich auf das Loslassen des egomanischen Besitzanspruches. Indem wir loslassen, sind unsere Hände frei, um neu zu »schöpfen«.
- »Und die Kraft«: Diese Formel erinnert uns daran, spirituellen Größenwahn zu vermeiden, der zum Abschneiden vom göttlichen Strom führen würde. Wir lernen jene Bescheidenheit, die im Rahmen von »Bescheid wissen« erwächst. Wenn wir wie Jesus die Haltung haben, dass »der Vater« durch uns die Werke tut, halten wir den Kanal im Fluss.
- »Und die Herrlichkeit«: Herrlichkeit ist die »Blaupause«, d.h. der Ausdruck Gottes durch uns, so wie wir gemeint sind, ohne etwaige Entstellungen durch »gefallene« Paradigmen.
- »In Ewigkeit«: Wir verbinden als »zu Lebzeiten Be-

freite« unsere Identität mit etwas, was größer ist als die »gefallene Zeit zwischen Geburt und Tod«.

- »Amen«: Das Wort symbolisiert den Urton der Schöpfung (im Osten »Om/Aum«), der durchs Weltall tönt und unser Gebet dadurch »kosmisch« werden lässt.

Wenn wir vor dem Vaterunser in die Stille bzw. Mitte gehen (z.B. durch die Atembeobachtung) und uns so aus dem Strom der Mentalaktivitäten ausklinken, bevor wir beginnen, »das Wort zu sprechen«, erleben wir die ganze Heilkraft unserer Gebetsformeln.

Übung: Die volle Kraft des Vaterunsers entwickeln

Um die volle Kraft des Gebetes nutzbar zu machen, empfiehlt es sich, das Vaterunser in fünf Stufen einzuüben, wobei jede Übungsstufe mindestens eine Woche lang »trainiert« werden sollte:

1. Sprechen Sie das Vaterunser *laut im Gebet*, und empfinden Sie die Worte dabei mit, lassen Sie sie lebendig werden, meinen Sie auch wirklich, was Sie lesen.
2. *Chakrenmeditation:* Unser feinstofflicher Körper ist durch sieben Hauptwirbel (Chakren, Energiezentren) mit dem festen Körper verbunden. Lesen Sie das Vaterunser, wobei Sie Ihre Aufmerksamkeit/Konzentration auf das jeweils beschriebene Energiezentrum lenken. Zur Verstärkung legen Sie die ersten Male eine Hand auf das jeweilige Zentrum (die Lage der sieben Chakren wird weiter unten erklärt).

3. *Mit der »inneren Zunge« beten:* Indem Sie das Vaterunser »denken« und der Quelle Ihrer Gedanken auf die Spur kommen, entdecken Sie die »innere Zunge«, mit der Sie das Vaterunser allein durch Gedankenkraft wie eine Wiederholungsformel (indisch: Mantra) ohne Lippenbewegung »kreisen« lassen können. Sie beten das Vaterunser fünfmal hintereinander, später steigern Sie sich auf zehn-, zwanzig- oder vierzigmal.
4. *Atemmeditation:* Nachdem Sie die »innere Zunge« beherrschen, konzentrieren Sie sich auf die Atmung (die Atemtechnik wird unten in Zusammenhang mit den Chakren beschrieben). Erleben Sie die Durchflutung eines kraftvollen Gebetes, im fortgeschrittenen Stadium können Sie im Gebet Tiefenatmung einsetzen.
5. *Rosenkranzgebet:* Kaufen Sie sich eine Rosenkranzkette oder einen Fingerrosenkranz und beten Sie mit der »inneren Zunge« und Atemtechnik ein »Vaterunser« nach dem anderen, bis das Ende des Rosenkranzes erreicht ist (Sie gehen nach jedem Vaterunser eine Perle weiter). Der so erzeugte Lichtwirbel kann Sie mit einer Ebene verbinden, die Ihnen Gelassenheit und Erfüllung für den ganzen Tag und die ganze Nacht schenken kann.

Nach jedem Gebet gehen Sie einige Minuten in die Stille, spüren die Energiedurchflutungen, bevor Sie sich behutsam in den Alltag einschwingen und mit Freude Ihren Pflichten nachgehen.
Die Atemtechnik und die Lage der Chakren (Energiezentren) entnehmen Sie der folgenden Aufstellung:

- *Scheitelchakra* (in Höhe des Schädeldaches, der ehemaligen Fontanelle): »Vater (einatmen) unser (ausatmen).«
- *Stirnchakra* (im Inneren des Schädels in Stirnhöhe: »Der du bist im Himmel und in (einatmen) mir (ausatmen).«
- *Kehlchakra* (in der Mitte des Halses in Höhe der Schilddrüse): »Geheiligt werde dein Name und dein (einatmen) Sein (ausatmen).«
- *Herzchakra* (in der Mitte des Brustbeins in Höhe der Thymusdrüse): »Dein Reich (einatmen) komme (ausatmen).«
- *Solarplexuschakra* (in Höhe des Solarplexus): »Dein Wille (einatmen) geschehe (ausatmen).«
- *Sakralchakra* (etwa 3 cm unter dem Nabel): »Im Himmel (einatmen) wie auf Erden (ausatmen).«
- *Wurzelchakra* (in Höhe des Damms): »Unser täglich' Brot gib uns (einatmen) heute (ausatmen).«
- *Wurzelchakra:* »Und befreie uns in die (einatmen) Gnade (ausatmen).«
- *Sakralchakra:* »Wie auch wir bestrebt sind, dich zu leben (einatmen) und zu lieben (ausatmen).«
- *Solarplexuschakra:* »Und führe uns in die (einatmen) Weisheit (ausatmen).«
- *Solarplexuschakra:* »Und durchdringe unser ganzes (einatmen) Sein (ausatmen).«
- *Herzchakra:* »Denn dein ist das (einatmen) Reich (ausatmen).«
- *Kehlchakra:* »Und die (einatmen) Kraft (ausatmen).«
- *Stirnchakra:* »Und die (einatmen) Herrlichkeit (ausatmen).«
- *Scheitelchakra:* »In (einatmen) Ewigkeit (ausatmen).«
- »Amen (drei Atemzüge nachspüren, neu beginnen).«

Die Bündelung der Gedanken auf einen Punkt

Durch die Gegenwart Gottes in mir,
die *ich bin* und die durch mich wirkt als Ich,
mache ich mir die folgenden Worte bewusst:
»*Ich bin* Bewusstsein, und als jenes, das *ich bin*,
kann ich meine Aufmerksamkeit bündeln oder ausdehnen,
auf dieses oder jenes richten und dadurch Welten erschaffen oder auch verlassen
in Synchronizität mit allem, was ist.«

Im Rahmen unseres Entspannungstrainings haben wir gelernt, abzuschalten, indem wir den Atem beobachten und uns so unserer Gedanken gewahr werden, ohne zwanghaft auf sie zu reagieren. Wir haben gelernt, wie Gedanken den Körper beeinflussen. Wir haben durch autogene Körperentspannung gelernt, unseren Körper durch die Kraft der Autosuggestion in einen entspannten Zustand zu bringen. Und wir haben gelernt, durch tägliche Gebetspraxis Kontakt mit einer höheren Bezugsquelle aufzunehmen, die uns Gelassenheit spenden kann.

Wenn wir nun unsere Kraft und »Ich-bin-Gegenwart«

hinaustragen wollen in die Welt, dann brauchen wir einen Fokus, wir müssen lernen, uns zu konzentrieren, d.h., die Aufmerksamkeit zu bündeln.

Der tibetische Meister Djwhal Khul sagte einmal, die Kraft werde an ihrem Brennpunkt festgehalten, während der Ton anschwelle, nehme das Werk seinen Fortgang.* Was bedeutet dies für uns? Es bedeutet, dass wir als fokussierende Wesen gemeint sind. Im Rahmen unserer Navigation durch Zeit und Raum brauchen wir einen Brennpunkt des Bewusstseins, wobei es nicht so wichtig ist, *welchen* Brennpunkt wir haben, sondern dass wir *überhaupt* einen haben. Bei der Konzentration ist es also ähnlich wie beim Glauben.

Wir können uns die Gedankenimpulse, die uns umgeben, wenn wir durch den Tag schreiten, wie ein riesiges Chaos vorstellen, vielleicht so wie Eisenfeilspäne, die wild durcheinander gewürfelt sind. Da sind Gedanken an den vorangegangenen Tag und solche an das, was kommen könnte, Erinnerungen und Bilder kreuz und quer durcheinander. Indem wir einen Brennpunkt der Aufmerksamkeit entwickeln, ordnen sich diese Gedanken wie Eisenfeilspäne, die in die Nähe eines Magneten kommen.

Wie aber bündeln wir die Aufmerksamkeit? Wir suchen uns einen Punkt an der Wand oder stellen uns einen solchen vor. Wer seine Übung farbenprächtiger gestalten will, kann sich Mandalakarten besorgen, z.B. von der

* Vgl. Alice Bailey und Djwhal Khul: *Eine Abhandlung über kosmisches Feuer*, Genf 1981.

Künstlerin Heita Copony, oder das Mandalabuch von Ruediger Dahlke.*

Wir können uns auch einen Plakatkarton kaufen und in die Mitte des Kartons einen großen Punkt malen, in Schwarz oder einer Ihnen angenehmen Farbe. Schwarz ist für Ihre Übung am neutralsten; wenn wir eine Farbe wählen, wird diese Farbe unseren Körper beeinflussen und auch unser Gemüt, Blau wird uns beruhigen, Rot aktivieren, Grün wird uns in Harmonie bringen und Orange ein Gefühl von Sinnlichkeit erzeugen.

Übung: Punkt- und Rahmensehen

Hängen Sie das Mandala oder das Bild mit dem Punkt an eine gut sichtbare Stelle an der Wand, gegebenenfalls fassen Sie es in einen schlichten, aber schönen Bilderrahmen. Dann setzen Sie sich im Pharaonensitz vor das Bild und betrachten den Punkt, stellen Sie den Timer auf 15 Minuten. Schauen Sie konzentriert auf den Punkt, wobei Sie sich vorstellen, Ihre Augen seien ganz weich. Wann immer Ihre Gedanken abschweifen, sagen Sie sich: »Danke, jetzt nicht, jetzt schaue ich auf den Punkt.«
Anfangs kann es Ihnen schwer fallen, sich 15 Minuten auf einen Punkt zu konzentrieren, im Laufe der Zeit gelingt Ihnen diese Übung aber immer leichter. Ihre Konzentrationskraft wird sich steigern. Trainieren Sie mindestens eine Woche mit dem Punkt Ihrer Wahl.

* Heita Copony: *Das Mandala-Orakel, 40 Karten*, Grafing 2001; vgl. Ruediger Dahlke: *Mandalas der Welt*, München 2005

Wenn Sie diese Übung beherrschen, schauen Sie einige Minuten mit »weichen Augen« auf den Punkt, und dann stellen Sie sich einen großen Rahmen vor, der Sie und das äußerste Ende Ihres Blickfeldes umgibt. Schauen Sie abwechselnd auf den Punkt, und dann richten Sie Ihre Aufmerksamkeit wieder auf diesen Rahmen. Im Laufe einer Woche werden Sie erkennen, dass Sie je nach Wahl Ihre Aufmerksamkeit bündeln, konzentrieren, aber auch wieder erweitern können.

Wenn Sie im Alltag unter Konzentrationsschwäche leiden, machen Sie sich zuerst den Rahmen in der Übung bewusst und bündeln Sie dann Ihre Aufmerksamkeit auf einen Punkt. Und wenn Sie »zu« konzentriert sind und jemand ruft Sie an und stört Sie bei der Arbeit, dann nehmen Sie die Aufmerksamkeit von dem Brennpunkt, auf den Sie sich gerade konzentriert haben, dehnen Sie sie bis an das äußerste Ende des Rahmens aus und heben Sie erst dann den Hörer ab. Nach dem Telefonat bündeln Sie die Aufmerksamkeit wieder auf den Punkt.

Diese Übung hilft Ihnen übrigens auch, wenn Sie in eine fremde Stadt, an einen fremden Ort, in ein fremdes Café etc. kommen, sich »zerfleddert« fühlen. Nehmen Sie sich in dem Fall irgendeinen, gegebenenfalls imaginierten Punkt an der Wand und fixieren Sie ihn, bis Sie sich konzentriert fühlen, dann dehnen Sie die Aufmerksamkeit bis zu dem Rahmen aus; und fühlen Sie sich ganz zu Hause, wo immer Sie sind.

Die Konzentrationsübung hat noch einen weiteren Vorteil: Durch Konzentration auf einen Punkt lernen wir, uns immer wieder auf uns selbst zurückzuwerfen und aus unserer Mitte heraus zu leben. Wenn wir die Übung nämlich richtig machen, werden wir erleben, dass, nachdem einige Minuten der Punkt unsere Aufmerksamkeit gefesselt hatte, die Aufmerksamkeit von dem Punkt wieder zu uns zurückschwingt, wir uns unserer Gedanken, Gefühle, Energie bewusst werden. Dann, wenn die Aufmerksamkeit glasklar ist, sind wir in einem guten Bewusstsein, um unseren Aufgaben im Alltag mit neuer Energie nachzugehen.

Wir haben durch diese Übung erkannt: Die Gedanken eines unbewussten Menschen sind wie ein Gedankenchaos, wie lauter wirre Pfeile in einem Kreis. Durch die Konzentration auf einen Punkt werden diese Gedanken ausgerichtet wie Eisenfeilspäne, die chaotisch umherliegen, durch einen Magneten ausgerichtet werden. Der Effekt der Übung ist, dass wir nach ihrer Ausführung mit einem gerichteten Bewusstsein unsere Lebenssituationen angehen, Chaos durchschreiten und Ordnung schaffen können.

Immer wieder können wir uns im Alltag, bei einer Konferenz, im Stau einen imaginären Punkt suchen, jenen mit »weichen« und zugleich konzentrierten Augen betrachten, uns unserer Gedanken, Gefühle und unseres Selbst gewahr werden und dann konzentriert und entspannt zu unserer aktuellen Lebenssituation zurückkehren.

Sie werden erstaunt sein, wie Sie durch dieses Training immer mehr Situationen und Probleme »auf den Punkt bringen« und mehr und mehr in Gelassenheit und Selbstbestimmung durch den Tag gehen. Wenn sich einmal zu viel Chaos angesammelt haben sollte, dann ziehen Sie sich kurz zurück, gegebenenfalls nutzen Sie dafür eine Parkbank oder das »stille Örtchen«, um durch Konzentration auf einen Punkt und Erweiterung des Bewusstseinsrahmens den »stillen Ort« in sich zu finden und hervorzubringen.

Das imaginäre Bilderleben

Durch die Gegenwart Gottes in mir,
die *ich bin* und die durch mich wirkt als Ich,
mache ich mir die folgenden Worte bewusst:
»*Ich bin* auf wunderbare Weise ausgestattet
mit einem göttlichen inneren Projektionsschirm.
Mithilfe der bewussten Nutzung meines
Dritten Auges
kann ich Wahrheitsströme empfangen,
in höhere Welten reisen
und diese Welt in Liebe und Dankbarkeit verstehen
und segnen.«

Wir verfügen dank unserer Vorstellungs- und Einstimmungskraft über ein wunderbares »inneres Fernsehen«, das wir meistens lediglich in unseren Träumen nutzen – und wenn, dann in der Regel nur unbewusst. Wir können mit unserem Projektionsschirm aber auch Bilder gestalten oder empfangen.

Wer glaubt, mit geschlossenen Augen nicht sehen zu können, kann innerlich sehen lernen. Wenn ein Kursteilnehmer z. B. zu mir sagt: »Nein, bei mir ist immer alles schwarz vor den Augen«, dann antworte ich ihm: »Nehmen Sie einmal an, Sie könnten mit geschlossenen Augen einen Baum sehen, wäre er dann eher groß oder klein? Sagen Sie mir bitte einfach, was in Ihnen aufsteigt...« Dann führe ich den Teilnehmer mit entsprechenden Fragen immer tiefer in das Erleben, bis er wirklich imaginieren kann.

Das imaginäre Bilderleben hat zwei Elemente, ein passives und ein aktives. Entweder wir gestalten Bilder, oder wir »empfangen« sie. Das passive, empfängliche Element nennen wir »katathymes* Bilderleben«, das aktive »autosuggestives Bilderleben«.

Die Möglichkeit, mithilfe der Imagination innere Bilder zu empfangen, ist uns auch aus der klassischen Psychologie bekannt. Vor dem inneren Auge steigt ein archetypisches Symbol auf, das sind Symbole, die aus sich heraus eine gewisse Aussagekraft für den Therapeuten haben. Über das katathyme Bilderleben kommen wir an den verborgenen Inhalt unseres Unterbewusstseins heran. Einfache, in der Praxis oft verwendete und für das Unterbewusstsein leicht ansprechbare Bilder können z. B. sein:

- *das Tor:* Durchgangsstation zu etwas Neuem,
- *der Baum:* Symbol für Lebenskraft,
- *der See:* Symbol der Seele und des Gemütszustands,
- *der Berg:* Symbol des Geistes und des spirituellen Ziels,
- *der Weg:* Symbol des Lebenswegs.

* Aus gr. *katathýmios* = »am Herzen liegend, erwünscht«.

Solche und ähnliche Symbole finden wir auch in psychologischen Testbüchern. Dort wird man aufgefordert, jene Symbole zu zeichnen, der Psychologe entnimmt den Zeichnungen seine Deutungen.

Durch katathymes Bilderleben können wir ohne Zeichenbrett unsere Innenwelt erkunden, uns in sie geistig hineinversetzen, das Symbol »anfassen« usw.

Sie können archetypische Symbole auch ganz gezielt zur Selbsterkenntnis und Problemlösung einsetzen, z.B. in folgenden Zusammenhängen:

- *Partnerschaften:* Angenommen, das Bild zweier Bäume taucht in Ihrem Inneren auf – wie stehen sie zueinander? Wie verhalten sie sich zueinander? Beschützen oder beengen sie sich? Haben sie den richtigen Abstand?
- *Beruf:* Vielleicht imaginieren Sie das Bild einer Maschinenfabrik. Welche Rolle spielen Sie dort? Wie sieht Ihr Vorgesetzter aus? Funktioniert diese Maschinenfabrik? Wo hakt es, was läuft besonders gut?

Intuitiv können Sie so erfahren, was in Ihrem Leben eventuell nicht stimmig ist, und Lösungsmöglichkeiten entwickeln.

Eine zweite Art des Bilderlebens ist die autosuggestive Methode. Wir haben bereits erkannt, dass Gedanken den Körper beeinflussen. Dies machen wir uns zunutze, wenn wir einen ganz bestimmten Effekt wollen, den wir für unsere Tagesarbeit brauchen, indem wir ganz bewusst die Imagination als Hilfe für die Alltagsbewältigung einsetzen. Beispiele:

- Wenn Sie *im Büro* sitzen und *müde* sind, machen Sie kurz die Augen zu und stellen Sie sich einen Jogger vor, der im Wald durch die Gegend läuft und dabei tief Luft holt – spüren Sie, wie Ihr Puls schneller wird? Vielleicht sparen Sie so die eine oder andere Tasse Kaffee? (Insbesondere wenn Sie zwischendurch geistig einen Sprint einlegen …)
- Wenn Sie *überdreht* sind und Ruhe brauchen, stellen Sie sich einen weiten blauen See vor – dehnen Sie sich in dieser Weite aus und spüren Sie, wie dieser weite blaue See Sie zu Ruhe und Gelassenheit bringt. Bleiben Sie einfach so lange »drin«, bis das Gefühl erzeugt wird.
- Wenn Sie mit jemandem *Streit* oder eine Auseinandersetzung haben und Harmonie und Frieden wollen, stellen Sie sich zwei Musiker vor, die ihre Instrumente aufeinander einstimmen und so Harmonie erzeugen. Wann immer Zwistigkeiten aufkommen, können Sie innerlich mit dem einmal geschaffenen Musikerbild arbeiten und in Gelassenheit nach einer Lösung suchen – das ist jedenfalls billiger, als Porzellan zu zerschlagen, als eine Scheidung oder ein Besuch bei der guten oder bösen Schwiegermutter …

Um eine möglichst klare Wahrnehmung zu erhalten, ist es sinnvoll, vor einer Übung des imaginären Bilderlebens in Meditation und Gebet zu gehen und persönliche Ambitionen und Wünsche, die das Bild verzerren könnten, außen vor zu lassen. Doch auch wenn Sie einmal keine »Wahrnehmung« haben sollten, seien Sie nicht traurig darüber – es soll dann halt nicht sein.

Durch Bilderleben können Sie Gelassenheit entwickeln, indem Sie nicht mehr auf jeden Sturm im Wasserglas reagieren, sondern aus der Erkenntnis heraus leben, dass viele Probleme über das Bilderleben geistig gelöst, zumindest »angelöst« werden können.

III. Die »richtige Einstellung« finden

Die unterschiedlichen Ebenen der Wahrnehmung

Durch die Gegenwart Gottes in mir,
die *ich bin* und die durch mich wirkt als Ich,
mache ich mir die folgenden Worte bewusst:
»Ich verfüge über Sinne,
sie sind Sinne der Wahrnehmung,
die ich genießen und nutzen kann.
Ich verfüge über Logik, die Möglichkeit,
Formeln zu bilden.
Ich bin mir bewusst, wie sehr alles in einer
Entsprechung sich aufeinander bezieht,
und verfüge über die Kunst der
ganzheitlichen Deutung.
Und ich verfüge über ›paranormale‹ Sinne.
Doch all das bin ich nicht – *ich bin*
Bewusstsein.
Und *ich bin*, wie *ich bin;* und dafür bin ich
dankbar.«

Es gibt unzählige verschiedene Ebenen der Wahrnehmung. Wir sollten uns das Ganze einmal so vorstellen wie die unterschiedlichen Frequenzen eines Radios, die wir einstellen können. Wir sind eine Art Radioempfänger, und je nachdem, welche »Frequenz« wir eingestellt haben, empfangen wir unterschiedliche Signale. Wir könnten uns, um in diesem Bild zu bleiben, die ganze Welt, die gesamte Schöpfung als Frequenzen bzw. Wellenbereiche vorstellen.

Die Schöpfung existiert dann als reine Wellenformation, die wir lediglich mithilfe unserer Sinnesorgane dreidimensional umsetzen.*

Die Bilder, die wir »da draußen« zu sehen glauben, sind in Wahrheit nichts anderes als Reflexionen auf unserer Netzhaut und Signale an unser Gehirn – die Bilder finden »in uns« statt, nicht da draußen. Neugeborene tun sich schwer, die Welt mit den Augen zu erfassen, sie tasten in der Regel die Formen vorsichtig mit den Augen ab, können nah und fern nicht unterscheiden und nehmen die ganze Welt ziemlich verschwommen wahr. Wahrnehmung in dem Sinne ist das, was wir »für wahr nehmen«, und die Ebenen der Wahrnehmung können wir unterscheiden nach den verschiedenen Sinnen, die uns mit dieser Ebene verbinden.

* Vgl. J.E. Behrendt: *Nada Brahma. Die Welt ist Klang*, Reinbek 1986.

Übung:
Die Welt mit verschiedenen Sinnen wahrnehmen

- Schließen Sie die Augen und nehmen Sie die ganze Welt um sich herum einmal nur mit Ihren *Ohren* wahr. Unterscheiden Sie so entfernte und nahe Geräusche und erkunden Sie anhand der Geräusche, die Sie wahrnehmen, was »dort draußen« geschieht.
- Wenn Sie dies getan haben, halten Sie sich einmal die Ohren zu und nehmen die ganze Welt nur mit den *Augen* wahr. Ertasten Sie mit Ihrem Blick nahe und entfernte Gegenstände, stellen Sie Unterschiede in den Farbtönungen fest; und wenn Sie bewegte Objekte sehen, beobachten Sie genau die Art der Bewegung.
- Dann lassen Sie sich von einem Partner die Augen verbinden und *riechen* einmal an Gegenständen, die der Partner Ihnen vor die Nase hält: einer Mohrrübe, einem Bleistift, einer Plastikflasche, einem Stück Papier. Sie werden überrascht sein, dass auch Sachen, die Sie bisher nicht direkt mit einem Geruch in Verbindung gebracht haben – wie Plastik oder Papier –, einen Eigengeruch aufweisen.

Wir leben in verschiedenen Frequenzbereichen mit verschiedener Wahrnehmung – wir Menschen und auch die Tiere. Ein Hund lebt in der »Geruchswelt« für unsere Verhältnisse viel intensiver als in der »Augenwelt«. Gemessen daran, ist er kurzsichtig; aber er lebt in einer Welt voller Gerüche in einem Ausmaß, wie wir es uns kaum vorstellen können. Ein Falke beispielsweise hat mit dem Geruchssinn nicht so viel »am Hut«, aber er sieht in einer Präzision, die unglaublich ist. Aus der Perspektive eines Falken sind alle menschlichen Wesen extrem kurzsichtig. Eine Fledermaus dahingegen orientiert sich am Echo der eigenen Schallwellen, ihr Gehör ist außerordentlich gut.

Jeder einzelne Mensch ist in dem einen oder anderen Sinn mehr oder weniger dominant ausgeprägt, und jeder hat einen anderen Sinn mehr trainiert, um zu überleben und in dieser Welt zurechtzukommen. Unabhängig von den auf die fünf Sinne beschränkten Ebenen der Wahrnehmung gibt es aber auch noch Wahrnehmungsebenen aus einem höheren Bandbereich, die uns helfen können, gelassener zu werden. Hier finden wir Wahrnehmungsebenen des »Paranormalen« wie des »Normalen«, solche, die wir üblicherweise außer Acht lassen, und solche, die wir wie selbstverständlich nutzen, z. B.:

- *Die Mentalebene der Logik:* Die Logik, der das rationale Denken, die Wissenschaft, die Technik etc. zugeordnet werden, hat uns vor allem in der modernen Zeit einen großen Dienst erwiesen. Sie hilft uns, gelassener ins Leben zu gehen, denn wir haben die Möglichkeit einer Berechenbarkeit, von der unsere Vorfahren nur träumen konnten. Immer wieder beweist uns das Leben allerdings, dass es nur bedingt logisch und berechenbar ist und dass derjenige, der sich nur auf seine Logik verlässt, des Öfteren entdecken muss, dass sein logisches System durchbrochen wird durch unvorhergesehene Dinge nach dem Motto »Denn erstens kommt es anders – und zweitens, als man denkt«. Dann zimmert man sich »eine neue Logik« zurecht und beginnt, nach dieser neuen Logik das Leben aufzubauen, bis wieder die eine oder andere unvorhergesehene Überraschung das Weltbild ins Wanken bringt. Und trotzdem: Logik hilft uns weiter, indem sie Formeln für das Überleben entwickelt und uns viele Ängste nimmt.

- *Ein Beispiel:* Nehmen wir einmal an, Sie hätten Angst, zu fliegen, weil das Flugzeug abstürzen könnte. Nach bestimmten Statistiken stürzt dieses Flugzeug jedoch mit 99,9 % Wahrscheinlichkeit nicht ab, während das Risiko, als Fußgänger beim Überqueren einer Straße von einem um die Ecke biegenden Auto überfahren zu werden, erheblich höher ist. Hier hilft die Logik, gelassener zu fliegen – aller Wahrscheinlichkeit nach werden die Passagiere gesund und wohlbehalten auf dem Boden ankommen.
- Wenn es um persönliche Entscheidungen geht, ist die Logik vielleicht nicht generell die empfehlenswerte Ratgeberinstanz. Einer meiner Freunde hatte beispielsweise einst eine wunderschöne romantische Nacht in Lugano erlebt. Als er dann später eine neue Freundin hatte und dasselbe Hotel buchte, dachte er, es sei ja »logisch«: Was damals geklappt habe, müsse jetzt erst recht funktionieren. Leider erwies sich das als fataler Trugschluss. Das Wochenende mit der neuen Flamme erwies sich als kalte Dusche, und recht verärgert und ziemlich zerstritten fuhren die bei-

den heim und hatten sogar noch einen Auffahrunfall…

- *Die Wahrnehmungsebene der Entsprechung:* Die Entsprechungslehre geht davon aus, dass alles, was uns »im Außen« geschieht, eine Entsprechung in unserem innerseelischen Erleben hat. Nach Hermes Trismegistos* heißt es das »hermetische Gesetz«: »Wie außen – so innen. Wie oben – so unten. Wie im Größten – so im Kleinsten…«

  Was bedeutet dieses Gesetz für uns?

  Unser Freund war mit dem Auto in einem Stau aufgefahren. Im Gesetz der Entsprechung wollen wir das Auto als »das Selbst« interpretieren, denn das altgriechische Wort *autós* heißt »selbst«. Das Auto war aufgefahren auf eine »Kolonne«. Es ging also nicht weiter. Dort, wo schon etwas war, ein anderes Auto (die alte Freundin), fuhr man drauf. Deutlicher geht es wohl kaum.

  Wenn wir das Gesetz der Entsprechung als Wahrnehmungsebene akzeptieren, dann können wir anhand unserer Lebensumstände ziemlich klar erkennen, welche innerseelischen Prozesse bei uns geschehen. Diese sind dann erst einmal eine Information. Auf der Wahrnehmungsebene der Entsprechung erhalten wir Informationen, die wichtig sind, um unser Wirken in der Welt zu verstehen – nicht im Sinne eines logischen

* Gr. »der dreifach größte Hermes«; gr. Name des ägypt. Gottes der Weisheit, der Schrift und der Zahlen. Ihm wurden astrologische, magische, alchimistische u.a. Werke zugeschrieben; und er gilt als geistiger Vater der Alchemie.

Prozesses, sondern eines abstrakten; d.h., aus der Fülle der Lebensumstände ziehen wir einen markanten und für uns wichtigen Umstand heraus und »übersetzen« ihn. Dies können wir u.a. tun mit:

- *Krankheiten:* Nicht für alle Krankheiten finden wir sofort eine »Entsprechung«, und doch können wir davon ausgehen, dass so manch einer mit einem Magenleiden ein Ereignis in der Außenwelt nicht verdauen kann und jemandem mit einem Leberleiden »eine Laus über die Leber gelaufen« ist. Indem wir das Symptom übersetzen, können wir psychosomatisch zu unserer Heilung beitragen.*
- *Charakterkunde:* Erfahrene Deuter können aus dem Körper und der Erscheinung eines Menschen sehr viel über seine Psyche ablesen.

• Weitere Wahrnehmungsebenen sind u.a. die des *Traumes* und die *präkognitive Wahrnehmung* (aus der Zukunft leben), über die nachfolgende Kapitel berichten.

* Vgl. dazu Ruediger Dahlkes bereits zitiertes Buch *Krankheit als Symbol.*

Die Einbeziehung der Traumkraft

Durch die Gegenwart Gottes in mir,
die *ich bin* und die durch mich wirkt als Ich,
mache ich mir die folgenden Worte bewusst:
»*Ich bin* durch die Gnade des himmlischen
Vaters gesegnet.
Allein die Tatsache, dass ich leben darf,
ist ein Segen.
Ich bin durch den Traum des himmlischen
Vaters gesegnet.
Allein, dass ich träumen darf, ist ein Segen,
der *ich bin*.
Durch die hohe Kunst des Träumens ahme ich
meinen himmlischen Vater nach,
der ewig durch mich und durch alles,
was ist,
sich in diese Welt von Zeit und Raum
hineinträumt.
Dafür, dies zu dürfen und zu können,
bin ich dankbar.
Ich bin dankbar dafür, dass ich leben darf,
dass ich träumen darf.«

Wir schlafen in der Regel täglich acht Stunden. Wäre es nicht ein wunderbares Geschenk, wenn wir diese Zeit durch unsere Träume als Helfer und Heilsboten, als Mitgestalter und Ratgeber für unsere Alltagsgestaltung einbeziehen könnten? Ich denke, dies würde uns Gelassenheit und mehr Kreativität schenken. Die »hohe Kunst des Träumens« darf also bei unserem Gelassenheitstraining nicht fehlen.

Im Altertum waren Träume heilig, sie galten als Botschaften aus anderen Realitäten, die dem Menschen helfen sollten, mit sich und seiner Welt besser umzugehen. Träume spielten sowohl bei den Völkern des Alten Testaments wie auch bei anderen Hochkulturen stets eine besondere Rolle. Denken wir an die Träume des Pharao mit den sieben fetten und den sieben mageren Ähren bzw. Rindern*, haben wir ein klassisches Beispiel dafür, dass Träumen offenbar zu Recht eine präkognitive Wirkung zugeschrieben wurde. Die Menschen aller Regionen der Erde maßen Träumen große Bedeutung bei, beschäftigten zum Teil ihre eigenen Traumdeuter oder wendeten sich nach einem einprägsamen Traum an ihren Medizinmann, der sich ihrer Träume annahm.

Wir dagegen sind dermaßen mit Bildern überlastet durch die tägliche Reizüberflutung (Fernsehen, Kino, Computer, Reklame an den Hauswänden etc.), dass wir kaum in der Lage sind, unsere eigenen Traumbilder zu uns sprechen zu lassen. Für die meisten Menschen bedeuten Träume deshalb kaum mehr, als

* Vgl. 1. Mose 41.

die tägliche Reizüberflutung abzuspulen, sich von den geladenen Bildern und Tageseindrücken zu befreien, um sich am nächsten Tag wiederum denselben auszusetzen.

Die Urbilder oder Archetypen der Psyche, wie sie der Schweizer Psychologe und Philosoph C.G. Jung (1875–1961) nannte, kommen bei vielen gar nicht mehr zum Zuge, weil die »Geladenheit« vieler unserer Zeitgenossen durch suggerierte Eindrücke solche überhaupt nicht mehr zuzulassen scheint.

Damit ein Mensch aus dem Inneren seiner Träume schöpfen kann, muss er ein bestimmtes Bewusstsein haben. Solange wir konsumorientiert die Bilder der äußeren Welt in uns hineinsaugen wie in einen Gierschlund, wird unsere Psyche überfüttert mit ebenjenen Reizen, die mit unserem wahren Innenleben gar nichts zu tun haben. Unsere Psyche und die ihr innewohnende Göttin der Erinnerung, die Mutter der Musen, Mnemosyne, verkümmern mit der Konsequenz, dass wir gar nicht *unser* Leben leben, sondern ein von der Außenwelt suggeriertes. Wer derart reizüberflutet abends auf dem Fernsehsessel einschläft, darf sich nicht wundern, wenn seine Träume kaum mehr als Schäume sind.

Woran liegt es, dass die Träume in unserer heutigen Zeit so wenig offizielle Bedeutung besitzen? Weder unser(e) Bundeskanzler(in) noch der Präsident der USA beschäftigt – wie es Herrscher früherer Zeiten taten – einen eigenen Traumdeuter; und man würde auch wohl die Seriosität des Staatsoberhaupts in der Öffentlichkeit sehr in Zweifel ziehen, wenn dieses sich bei seinen Entscheidungen auf Träume verließe.

Ein Grund, warum Träume in unserer Kultur dermaßen unterbewertet sind, ist darin zu finden, dass wir im Zuge der dramatischen Entwicklung unserer analytisch-logischen Komponente, unseres linkshirnigen Denkens, die rechtshirnige (ganzheitliche, holistische) Wahrnehmung in den Hintergrund gedrängt haben. Ich bin fest davon überzeugt, dass, wenn wir unser linkshirniges Denken besser verstanden haben – und ich glaube, die moderne Entwicklung deutet darauf hin, dass dies bald sein kann –, wir dann im Zuge einer Nachholbewegung jene andere Seite in gleichem Maße entwickeln werden und auch müssen, wenn wir uns einigermaßen gelassen durchs Leben bewegen wollen.

Eine Morgenröte in dieser Richtung, charakterisiert durch beidhirniges Denken, »emotionale Intelligenz« und visionäre Traumkraft, finden wir z. B. in der »Traumgesellschaft«.* Der Zukunftsforscher und ehemalige Leiter des Copenhagen Institute for Future Studies Rolf Jensen prognostizierte der Wirtschaft zu Beginn unseres neuen Jahrtausends, die Informationsgesellschaft werde abgelöst von dem Zeitalter der Geschichten und der Erzähler. In gesättigten Märkten seien Emotionen wichtiger als Sachwerte. Eine Person oder ein Produkt, das keine Geschichte erzähle, werde nicht wahrgenommen.

* Vgl. Rolf Jensen: *The Dream Society. How the Coming Shift from Information to Imagination Will Transform Your Business*, London 2001.

Mit der Geschichte als Schwerpunkt, der Geschichte von Geborgenheit, Identität, Liebe oder Abenteuer, ändere sich die Logik des Unternehmens und der Unternehmensführung hin zur emotionellen Logik.

Und schon der große englische Nationalökonom John Maynard Keynes (1883–1946) soll in den 30er Jahren gesagt haben, eines Tages werde der materielle Kampf zu Ende sein, und materielles Besitzstreben werde, verglichen mit der Bewunderung der Lilie auf dem Felde und der Kunst des Träumens, sekundär werden.

Während unser Tagesbewusstsein in der linearen Zeit eingesperrt ist, kennen Träume diese Beschränkung nicht; sie können quasi unter der linearen Zeit hindurch- und an einer anderen Stelle wieder auftauchen. Dieses Wissen machen sich wie gesagt seit eh und je Urvölker und Schamanen zunutze, die mit gezielten Trancereisen und mithilfe von Träumen, die sie zum Teil durch Drogen herbeiführen, jene Wahrnehmungsebene anzapfen.

Innerhalb des Königreichs der Träume existieren verschiedene Wahrnehmungsebenen, die hier nur angedeutet werden sollen. Da gibt es zum einen jene Wahrheitswelt, von der die großen Seher und Mystiker immer wieder berichten. Hier berühren sich Traumwelten und höhere Realitäten in einer Formation kollektiver Realität, die auch unser Universum selbst als einen Traum Gottes erkennen lässt.

Diesseits jener Gnadenebenen gibt es Ebenen kollektiver Realität. So kann es sein, dass beispielsweise zwei

Menschen von haargenau derselben Traumlandschaft träumen, dort haargenau dieselben Erlebnisse haben, und dies, obwohl sie sich nicht darüber abgestimmt haben. Eine Erklärung für dieses Phänomen können wir möglicherweise darin finden, dass wir über das Unbewusste mit einer kollektiven Realität verbunden sind und uns mit unserem Geist in sie hineinbegeben können. Mirra Alfassa (1878–1973), genannt die »Mutter«, sagte, es gebe diese Welt noch einmal, sozusagen als ätherisches Doppel. Und manche Mystiker behaupten sogar, dass es ebenjene Ebene sei, in die wir nach dem Ableben gingen, um in einer Reinkarnation weiter an unserer Entwicklung zu arbeiten. Möglicherweise ist es diese Ebene kollektiver Traumrealität, aus der heraus wir Wahrnehmungen, Ahnungen, Ideen für unsere kollektive und individuelle Lebensgestaltung bekommen können.

Diesseits jener Ebene gibt es eine Ebene persönlicher Realität. Darin finden wir zum einen eine wertvolle und für ein gelassenes Leben unabdingbar notwendige Quelle in Form unserer Traumkraft vor, zum anderen »Verunreinigungen« durch Tageseinflüsse, Konditionierungen, Reizüberflutungen usw. Je mehr es uns gelingt, jene »Kontaminationen« zu erkennen und abzustreifen, umso »sauberer« kann uns unsere Traumkraft bei unserer Lebensgestaltung zuarbeiten.

Übung: Träume begünstigen

Wann immer es Ihnen einmal entspricht, geben Sie sich selbst für eine Woche absolutes Fernseh- und Radioverbot. Nehmen Sie sich am Abend bewusst Zeit, um sich auf Ihr Schlafengehen vorzubereiten. Ihr Geist muss hungrig nach Bildern sein, dann zieht er in der Traumebene die Bilder an, die Ihnen helfen können, Ihr Leben zu verstehen und zu gestalten.

Gehen Sie spazieren vor dem Schlafengehen und vor allem lüften Sie Ihren Schlafraum gut und machen Sie einige Atemübungen, um Ihre Organe von Schlackstoffen zu befreien. Danken Sie für den Tag und schlafen Sie ein. Für Ihre Traumarbeit ist es gut, wenn Sie spätestens um 22.00 Uhr im Bett sind, denn auch die Traumphasen laufen in gewissen Zyklen ab. Wenn Sie möchten, können Sie sich mit einer Meditation auf Ihre Träume vorbereiten, indem Sie, wenn es Ihr Wohnort erlaubt, z. B. der Sonne beim Untergehen zuschauen.

Platzieren Sie ein Traumtagebuch neben dem Bett, bevor Sie einschlafen, und eine Flasche Wasser für den Fall, dass Sie während der Nacht Durst verspüren. Schlafen Sie in Liebe und Dankbarkeit ein, danken Sie für den Tag und schließen Sie die Augen. Notieren Sie spätestens am nächsten Tag Ihre Träume in Ihr Traumtagebuch.

Lassen Sie die Bilder intuitiv auf sich wirken, sich setzen und Ihr Bewusstsein bereichern.

Während des Einschlafens gibt es einen »Übergang«, fast wie ein Nadelöhr. Unser Bewusstsein hat die Tendenz, sich bei diesem »Übergang« auszuschalten, weil es zu sehr mit dem Tagesbewusstsein identifiziert ist. Wenn wir uns z. B. vor Augen halten, dass wir nicht unser Tagesbewusstsein *sind*, sondern die »Ich-bin-Gegenwart«, die sowohl im Tages- wie auch im Nachtbewusstsein existiert, können wir diese »Umschaltfunktion« bewusst wahrnehmen und lernen, gezielt in unseren Traumreichen zu navigieren.

Träume können uns heilen. Unsere Traumwahrnehmung ist unsere liebende Schwester der Nacht, die uns liebkost. Unsere Traumhälfte ist unsere andere Hälfte, unser anderes Ich. Unser Traumleben ist in einer gewissen Weise ebenfalls real, speien wir es nicht aus, sondern lassen wir uns von ihm nähren, leben wir mit ihm.

Allein dieses Wissen und die intuitive Erfassung des Traumreichs kann uns Gelassenheit und ebenjene Fähigkeit der Navigation schenken, die uns auch im »Wachleben« zur Verfügung steht. Bewusste »Träumer« sind »wachere« Menschen, weil sie eine weitere Wahrnehmung haben als Traumverdränger.

> Aus der Stille des göttlichen Traumes
> werden Sterne und Welten geboren.

Bei aller Freude an der Kunst des Träumens sollten wir uns also stets daran erinnern, dass jene Kunst auch ein

Werkzeug für unser physisches Leben darstellen soll, eine Wahrnehmungshilfe – so wie Sri Chinmoy es einmal formulierte: In einen süßen Traum verliebt zu sein, sei nur der Anfang einer blühenden, erleuchtenden und erfüllenden Wirklichkeit.*

* Vgl. Sri Chinmoy: *Träume und ihre spirituelle Bedeutung*, Nürnberg 1993.

Die Grenzen der Zeit überwinden

Durch die Gegenwart Gottes in mir,
die *ich bin* und die durch mich wirkt als Ich,
mache ich mir die folgenden Worte bewusst:
»*Ich bin* jetzt und lebe aus der Mitte meines
wahren Wesens.
Doch meine Wahrnehmungskanäle reichen hinein
in die Gegenwart und Zukunft.
Durch die Gegenwart Gottes, die *ich bin*,
kann ich mir jederzeit eine neue Zukunft aussuchen
und eine neue Vergangenheit.«

Zigeunern, Hexen, Hellsehern sagte man schon immer nach, sie könnten (im Geiste) die Grenzen der Zeit überwinden; in früheren Hochkulturen soll dies sogar physisch möglich gewesen sein.* Märchen zeugen von längst vergangenen Potenzialen, doch auch heute noch finden wir jenes »Surfen« zwischen Zukunft und Gegenwart.

* Vgl. z. B. Elisabeth Haich: *Einweihung*, München 1991; José Argüelles: *Surfers of the Zuvuja. Tales of Interdimensional Travel*, Richmond, VT, 1998.

Die vielleicht bekannteste Methode, in eine mögliche Zukunft einzutauchen, ist die Kristallkugelschau: Indem man in eine Kristallkugel starrt und so Tore anderer Dimensionen zu öffnen versucht, soll die Beschränkung unseres Gehirns auf das im Jetzt Wahrnehmbare überwunden werden.

Ob Menschen, die über eine präkognitive hellseherische Begabung verfügen, glücklicher sind als andere, hängt davon ab, wie sie mit diesem Wissen umgehen. Wer eine gelassene Haltung im Umgang mit seinen Fähigkeiten entwickeln kann, der vermag in sich ruhend all dies zu ertragen. Wer sich aber in Bewertungen verstrickt, den Lauf der Welt mit Gewalt ändern will oder zu sehr darunter leidet, der darf dankbar sein, wenn er über eine solche Wahrnehmung nicht verfügt. Es ist mit der Hellseherei wie mit allen mächtigen Instrumenten – man muss reif für das Wissen sein, das man bekommt, und verantwortungsbewusst damit umgehen können.

Was uns das Wissen um die Präkognition geben kann, ist das Gefühl, eingewoben zu sein in ein Geflecht der Zeit, in dem alles seinen Platz hat. Vielleicht können wir derart eingewoben auch ein wenig gelassener unser Leben angehen.

Wenn uns erweiterte Wahrnehmungsebenen helfen, das Logische mit dem Ganzheitlichen zu verbinden, um ein holistisches Weltbild zu entwickeln, in dem alles eingebettet ist und seinen Platz erhält, können wir uns in der Vergangenheit, in der Gegenwart, in der Zukunft geborgen fühlen.

Durch das katathyme Bilderleben haben wir bereits die Barriere des logischen Verstandes überwunden und uns zu den erweiterten Wahrnehmungsebenen des Unbewussten Zugang verschafft.

Wenn wir über morphogenetische Felder mit allem, was ist, verbunden sind, wie man nach den Theorien Rupert Sheldrakes* annehmen kann, können wir potenziell alles wissen, würden wir uns nicht selbst blockieren. Moderne Hirnforscher wie etwa Karl Pribram schließen auch nicht mehr aus, dass wir potenziell in kommende Zeiten sehen können. »Teilchen«, die aus der Zukunft in unsere Gegenwart hineinrasen – so genannte Positronen –, können auch von unseren grauen Zellen erfasst und dekodiert werden.

Wie dem auch sei: Wenn es nicht nur eine Vergangenheit gibt, an die wir uns erinnern können, sondern auch eine mögliche Zukunft, dann müssten wir sogar aus einer »Erinnerung an die Zukunft« heraus leben können. Versuchen wir das einmal mit den Übungen in diesem Kapitel.

* Morphogenetische (= Gestalt gebende) Felder bestimmen nach Auffassung des englischen Biochemikers Rupert Sheldrake die Formen unseres Seins; vgl. z. B. seine Bücher *Das schöpferische Universum* (München 1984) oder *Sieben Experimente, die die Welt verändern könnten* (Frankfurt 2005).

Übungen: Erinnerungen aus der Zukunft

- *Tagesschau rückwärts:* Wenn Sie sich abends ins Bett legen, lassen Sie Ihren Tag noch einmal vor Ihrem geistigen Auge ablaufen, aber rückwärts. Sie beginnen also mit dem Zähneputzen vor dem Schlafengehen und enden mit dem Aufstehen an diesem Morgen. Es ist, als wenn Sie einen Videofilm zu Ende geschaut haben und ihn dann rückwärts spulen, während Sie den Film noch einmal schauen. Durch diese Übung lernen Sie, »rückwärts zu denken«.
- *Die Röhre aus der Zukunft:* Stellen Sie sich eine Röhre vor. Geben Sie der Röhre einen Namen, z. B. »Das ist die Röhre der Partnerschaft mit X«, »Das ist die Röhre für ein mögliches Urlaubsziel« oder »Das ist die Röhre für das Projekt Y«. Dann lassen Sie einfach mal auf sich zukommen, was aus der Röhre zu Ihnen gelangt. Manchmal kann es sein, dass der Verstand Sie blockiert, weil er glaubt, er könne nicht in die Zukunft sehen. In dem Fall schauen Sie nur, ob da eine Energie auf Sie zukommt, die eher dunkel oder eher hell ist, eher einladend oder eher abweisend – und in welcher Körperregion Sie diese Energie empfangen. Mit regelmäßigem Training wird dies gelingen. Wenn Sie das Gefühl haben, Ihre Röhre sei noch nicht »installiert«, dann nehmen Sie einen Block zur Hand und schreiben Sie auf, wie diese Röhre beschaffen sein, welchen Durchmesser, welches Material, welche Farbe sie haben soll. Malen Sie die Röhre und dann imaginieren Sie sie bewusst, bis sie für Sie geistig sichtbar ist. Üben Sie die Röhrentechnik, beim einen funktioniert sie sofort, beim anderen erst nach längerem Training.

- *Positronensehen:* Wenn Sie in dem Arbeiten mit der Röhre geübt sind, können Sie Ihr Bewusstsein erweitern und sich darauf konzentrieren, frei von irgendwelchen Beschränkungen zu schauen, welche Einflüsse überhaupt auf Sie zukommen. Ich nenne diese Übung »Positronensehen«. Der Vorteil des »Positronensehens« gegenüber der Röhrentechnik ist, dass es flexibler ist und einen weiteren Wahrnehmungshorizont erlaubt. Erleben Sie, wie vor Ihrem geistigen Auge eine Art Bildschirm entsteht, der in der Lage ist, »Teilchen«, die aus der Zukunft in die Gegenwart fliegen, zu empfangen und sie in Bilder umzusetzen.
- *Eine Zukunft wählen:* Stellen Sie gedanklich Ihr »inneres Empfangsgerät« so ein, dass Sie eine potenzielle Zukunft Ihrer selbst wahrnehmen können, in der Sie leben wollen. Wenn Sie z. B. gerade an einem Projekt arbeiten, richten Sie Ihre Aufmerksamkeit auf »Partikelchen«, die in Ihnen ein Bild formen, wie Sie auf dem Heimweg sind, um Ihrem Partner von dem erfolgreich beendeten Projekt zu erzählen. Wenn Ihnen das Bild, das Sie sehen, nicht gefällt, dann verändern Sie Ihr inneres Empfangsgerät, bis Sie eine mögliche Zukunft sehen, die für Sie stimmig ist. Halten Sie dieses Bild und beginnen Sie nun, wie bei der vorangegangenen Übung, den Film rückwärts zu drehen, bis Sie im Jetzt sind. Durch jenes »Leben aus der Zukunft heraus« entwickeln Sie sich immer mehr weg vom Karma (dem Verhaftetsein an alte Glaubenssätze) und hin zum Dharma (dem Leben aus Ihrer Wahrheit und Ihrem Ideal heraus). Danken Sie dem himmlischen Vater dafür, dass Sie über diese Wahrnehmung verfügen, und gehen Sie Schritt für Schritt den einzelnen Stufen nach.

Wann immer Gedanken, Muster, Bilder auftauchen, die Sie von Ihrer Spur abhalten, bearbeiten Sie sie mit einer der gelernten Methoden, bis sie verschwunden sind – oder wenn Sie es schon können, richten Sie Ihr »inneres Empfangsgerät« direkt wieder auf die Teilchen, die aus der Zukunft kommen. Leben Sie also ab sofort aus dem Ideal der Zukunft heraus in die Gegenwart hinein, statt sich von der Vergangenheit, von dem, was bereits manifestiert war, einholen zu lassen.

Doch was ist zu tun, wenn das, was Sie aus der Zukunft wahrnehmen, Sie überwältigt? Schaffen Sie sich »Zeitspuren« für Ihre Erledigungen: Sie können sich das, was durch Sie in Zukunft zu bewältigen ist, z. B. als einen ruhigen großen Teich vorstellen, der alle Zeit der Welt hat, und erleben, wie Sie diesen Teich mit kleinen Runden durchschwimmen und so nach und nach alle Stellen erkunden.

Zeit kann man »nur« als ein gedankliches Konstrukt auffassen, um die Mannigfaltigkeit der zu bewältigenden Aufgaben aneinander zu reihen und peu à peu erledigen zu können. Wenn Sie optimal »aus der Zukunft leben wollen«, sollten Sie lernen, Zeit bewusst selbst zu schaffen und zu gestalten. Das Motto für Gelassenheit heißt also auch bei dem »Leben aus der Zukunft« heraus »Eins nach dem anderen!«.

Übung: Eins nach dem anderen

Stellen Sie sich Ihr Projekt X, das Sie planen, als eine riesengroße amorphe Masse vor. Sehen Sie diese Masse in ihrem Idealzustand. Dann formen Sie in diese Masse einen langen, darmförmig gewundenen Zeitkanal hinein, der diese Masse allumfassend aufnimmt. Erleben Sie, wie dieser Kanal fließend gehalten wird und wie Sie dann selbst den Zeitkanal betreten und durchwandern. Verändern Sie den Kanal so lange, bis Sie ihn gelassen und Schritt für Schritt vorwärts wie rückwärts durchschreiten und sich fließend in ihm bewegen können.
Durch diese Übung stimmen Sie Ihr Unterbewusstsein darauf ein, »Arbeitsbrocken« und »Zukunftsbrocken« in kleine Segmente zu unterteilen und in der richtigen Reihenfolge Schritt für Schritt zu erledigen.

Beppo Straßenkehrer erklärte der kleinen Momo*, wie er es denn schaffe, eine so lange Straße zu kehren, ohne am Ende völlig erschöpft zu sein. Und Beppo Straßenkehrer antwortete, man dürfe nie an die ganze Straße auf einmal denken, man müsse nur an den nächsten Schritt, an den nächsten Atemzug denken. Dann mache es Freude. Und irgendwann sei man fertig. Das sei wichtig!

* Vgl. Michael Ende: *Momo*, Stuttgart 2005.

Aus einem größeren Logos heraus sinnerfüllt leben

Durch die Gegenwart Gottes in mir,
die *ich bin* und die durch mich wirkt als Ich,
mache ich mir die folgenden Worte bewusst:
»*Ich bin* eingebunden in ein größeres System,
einen planetaren Logos und einen kosmischen Logos.
Indem ich das ›kleine Ich‹ loslasse
und mich als Bestandteil eines größeren Logos,
der *ich bin*, erkenne,
handle ich aus erweiterter Wahrnehmung heraus
und gleite gelassen durch Zeit und Raum.«

Metaphysiker sagen, das Hirn sei ein Reduzierventil, das von der Unendlichkeit Gottes nur so viel durchlasse, wie der Mensch verkraften könne, ohne wahnsinnig zu werden. Nun haben wir natürlich eine gewaltige Entwicklung hinter uns. Wir sind weit entfernt von dem Büffel jagenden Urzeitmenschen. Auch sind wir keine Sammler mehr, die ihr Leben damit verbringen, Pilze und Beeren zu suchen. Unser Leben ist weitaus diffiziler geworden, ebenso wie die so genannten »Lebensprobleme«.

Manchmal stehen wir vor einem Berg voller Unmöglichkeiten, aus denen wir jetzt etwas Konkretes machen sollen, so als stünden wir vor einem Türenwald, und nur hinter einer einzigen wäre die angemessene Lösung. Es ist kein wirkliches Wunder, dass so viele Menschen frustriert sind oder »null Bock« darauf haben, irgendetwas aus ihrem Leben zu machen, und so viele Menschen »aussteigen« möchten! Doch aussteigen wohin ...?

Eine Hilfe, um die aktuellen Lebensprobleme zu bewältigen, ist das Konzept des planetaren Logos*. Diese Betrachtungsweise gestattet uns, zu schauen, ob es jenseits individueller Wahrnehmung eine größere, interpersonelle Wahrnehmungsebene gibt, die uns – indem wir uns als Bestandteil von etwas Größerem verstehen im Mitschwingen mit »allem, was ist« – hilft, gelassener und souveräner durchs Leben zu »surfen«.

Die Idee, die uns dabei hilft, wurde von der russischen Mystikerin Helena Petrowna Blavatsky (1831–1891), später von der englischen Mystikerin Alice Ann Bailey (1880–1949) und in unserer Zeit von Janet McClure** präsentiert. Diese Idee betrachtet alles Leben auf der Erde, alle Tiere, Menschen, Entwicklungen, als Teil einer größeren Einheit, vielleicht so wie das Mandala oder Muster eines Kirchenfensters, bei dem alle Stückchen ineinander passen.

Auch bei einer Betrachtung der Welt aus der Ebene

* Gr. *lógos* = »das Sprechen; Rede, Wort; Vernunft«.
** Vgl. Vywamus und Janet McClure: *Die Erde ist in meiner Obhut*, Seeon 2001.

eines planetaren Logos können wir davon ausgehen, dass unser Leben teilweise vorgedacht ist und teilweise mitgestaltet wird durch das Bewusstsein, welches wir sind, und dass wir eingebettet sind in »alles, was ist«. Unter diesem Gesichtspunkt könnten wir uns selbst als Bestandteil eines höheren Logos sehen. Wir können uns fragen:

> »Nehmen wir einmal an, mein Leben wäre so eine Art Mandala, das sich selbst erfüllt in wunderschöner Gleichmäßigkeit, vielleicht so wie die Blütenblätter einer Blüte, was wäre jetzt der Schritt, der in diese Vervollständigung passen könnte, welche meiner Handlungsweisen würde jetzt im Rahmen eines nächstgrößeren Logos, einer nächstgrößeren Gruppe angemessen sein?«

Indem wir uns als Bestandteil von »allem, was ist«, erkennen, im Sinne Buddhas Mitgefühl mit allen Wesen haben, mit allem, was existiert, schwingen, können wir auch unsere individuelle Rolle in diesem Lebensspiel besser erkennen und leben. Wenn wir wirklich Bestandteil eines höher entwickelten Logos sind, dann muss unser Wille, unser Drang auch irgendwie in das größere Ganze hineinpassen – und umgekehrt. Die Lösung braucht dann nur »gefunden« zu werden. Wenn wir tatsächlich Bestandteil eines größeren Logos sind, in dem alles mit allem kommuniziert, dann können wir der Weisheit des Lebens vertrauen, dass sie ständig zu uns spricht, und so gelassen und richtig auf die Impulse des

Lebens antworten. Wenn wir dann noch das Gesetz der Entsprechung anwenden, können wir den Schritt, den uns das Leben anbietet, sogar verstehen.

Hier ein Beispiel, wie es tatsächlich passieren könnte und schon einmal passiert ist: Wir haben jahrelang als freiberuflicher Altenpfleger gedient, nun sind die meisten unserer Klienten gestorben. Gleichzeitig haben sich viele Freunde von uns zurückgezogen und die Prioritäten verändert, sie suchen andere Kontakte usw. Im Laufe dieser Phase erhalten wir das Angebot, auf Teneriffa ein Haus zu bewirtschaften. Wir können diese Arbeit und würden sogar gut dafür bezahlt werden. Der Vorschlag erscheint uns erst einmal nicht logisch, wir sind doch Altenpfleger, dann aber erkennen wir, dass wir vielleicht ein wenig müde geworden sind durch unsere Betreuungsarbeit und dass das Abwenden unserer Freunde möglicherweise ein Zeichen des Lebens sein könnte, dass wir uns einer anderen Ausrichtung widmen sollten. Wir nehmen das Angebot an, lernen dann auf Teneriffa die Freunde des Hausbesitzerehepaares kennen, und im Laufe der Wochen bauen wir eine Arbeit als Betreuer für diesen Kreis auf, siedeln ganz um nach Teneriffa und fühlen uns pudelwohl.

Der Gedanke des »größeren Logos« geht also davon aus, dass allem Leben eine größere Intelligenz innewohnt und dass wir mit ihr kooperieren können, indem wir zu verstehen, wahrzunehmen suchen, was sie mit und durch uns im günstigsten Falle will.

Dadurch, dass wir unsere Entwicklung deuten und richtig verstehen, was das Leben durch uns verwirklichen will, treffen wir lebensbejahende Entscheidungen, lernen, über die Begrenzungen des kleinkarierten Egos, das nur in einer ganz bestimmten projizierten Weise Erfüllung akzeptiert, hinauszuwachsen und das Leben und uns selbst zu feiern.

Dass dies immer wieder ein Feilen und ein Sichbemühen um die richtige Erkenntnis ist, versteht sich von selbst, aber genau das erlaubt es uns, souveräner und gelassener mit der Sprache des Lebens umzugehen.

Wenn alles mit allem verbunden ist, dann spricht das Leben auch durch die »zarten Schubser« zu uns; und wenn wir sie achtsam als Botschaften nutzen, können wir die Bereiche, wo wir »unpassend« geworden sind, korrigieren und so vermeiden, dass uns das Leben mit »harten Remplern« traktiert.

Wann immer etwas sich reibt, nicht funktioniert, wir unerwartet Schaden erleiden, sollten wir überprüfen, ob wir auf dem falschen Weg sind. Leben will die Fülle und Erfüllung all unserer Wünsche und Träume, doch nicht immer ist das *Jetzt* der richtige Zeitpunkt, sie mit Gewalt zu verwirklichen. Wir müssen »umsichtig« sein, d.h. unser Verhalten mit allem, was uns umgibt, in Einklang betrachten. Auch das gebietet uns der planetare Logos.

Dies bedeutet nicht, dass wir automatisch leiden sollen, etwa weil es unserem Nachbarn oder Verwandten schlecht geht. Aber bei allem Drang, kompromisslos das eigene Leben zu leben, der absolut berechtigt ist, sollten wir uns, statt ständig vom Leben etwas zu erwarten, auch einmal fragen: Was erwartet das Leben von mir – jetzt?

Egoismus ist angebracht, wo er sich in Altruismus eingliedert, nicht als Entweder–oder, sondern beides ist angebracht, jedes zu seiner Zeit und manchmal sogar gleichzeitig. So wie wir zwei Beine brauchen, um uns vorwärts zu bewegen, ist es praktizierte Lebenskunst, sich selbst zu leben und zu feiern und sich gleichzeitig verantwortungsvoll in das Du und das Wir einzugliedern.

Im Laufe der Zeit entwickeln wir einen »achten Sinn« für die Wahrnehmung jenes Logos, der uns nicht nur erlaubt, uns immer harmonischer in die einzelnen Erlebnisbereiche einzubringen, sondern auch, uns vom Leben tragen zu lassen, statt von ihm getreten zu werden.

Frei von Dogmen in sich ruhen

Durch die Gegenwart Gottes in mir,
die *ich bin* und die durch mich wirkt als Ich,
mache ich mir die folgenden Worte bewusst:
»*Ich bin* die geheime Ordnung in allen Dingen,
im Atom wie in der Ameise, in ›allem, was ist‹.
Alle Wünsche beziehen sich in Wahrheit nur auf
›ihn‹ allein.
Indem ich sie annehme, nehme ich meine
göttliche Ursprungskraft in Besitz.
Alle Pflichtübungen sind Aufforderungen,
Liebe zu erfüllen.
Indem ich meine Pflichten erfülle, ruhe ich in mir
und liebe die schweren wie die guten Stunden und
feiere den Gott in mir.«

Dem Leben wohnt eine geheimnisvolle, oft nur erahnbare Ordnung inne. In dieser Ordnung hat alles und jeder seinen Platz. Wir nennen das, was wir von der Schöpfung sehen können, »Existenz«. Dieses Wort stammt von dem lateinischen Verb *ex(s)istere*, was »heraus-, hervortreten; vorhanden sein« bedeutet. Was wir von der

Schöpfung wahrnehmen können, ob mit dieser oder jener Methode, ist Existenz, »Herausgetretenes«.

Es ist aber mit einer größeren Ordnung verbunden, so wie die Zweige eines Baumes wohl in verschiedene Richtungen ausschlagen, aber alle auf den gleichen Stamm zurückweisen. Alles ist mit allem verbunden. Und alles reguliert sich selbst durch sich selbst.

In dem Augenblick, in dem wir durch Mangeldenken nicht mehr »wir selbst« sind, verbiegen wir unseren Teil der Existenz und den unseres Umfelds gleich mit. Wir erlauben uns nicht, »wir selbst« zu sein, und damit erlauben wir es anderen auch nicht. Wir stellen Wertmaßstäbe auf, Dogmen, die alle wohl irgendeiner gut gemeinten Idee entsprechen, uns und anderen aber nicht mehr erlauben, »wir selbst« zu sein und damit unseren Platz in der Schöpfung so zu erfüllen, »wie wir sind«.

Viele Kinder wurden und werden mit Belohnung und Strafe mehr oder weniger streng nach dem Prinzip »Zuckerbrot und Peitsche« zu Leistung und zu besonders wohlgefälligem Verhalten angespornt. Als Ergebnis können in uns Zwangsneurosen entstehen, die wir durch mehr oder weniger gesellschaftskonformes Verhalten zu kaschieren suchen.

Bei jenen z. B., die sich für einen »geistigen« Weg entschieden haben, seien es die Abgehobenen unter den Esoterikern oder Religionsfanatiker, liegt oft eine Verzerrung darin, dass sie meinen, sie müssten sich für einen »geistigen« Weg entscheiden in dem Sinne, dass der Geist gut und der Körper/die Materie schlecht sei.

Das Geheimnis, in uns zu ruhen, finden wir, wenn wir in uns gehen und spüren, was für uns richtig ist, frei von derartigen Dogmen, und uns auf unsere Natur einstimmen.

> »Glücklich und naturgemäß leben ist eins.«
>
> *Seneca*

Jedem Extrem sollte mit Vorsicht begegnet werden. Wann immer das Motiv unseres Handelns Angst, Schuld oder übermäßiger Stress ist, sollten wir hellhörig werden, denn mit Gelassenheit hat dies nichts zu tun. Es kann zwar sein, dass wir durch ein stressmotiviertes Vorgehen (Disstress) kurzfristige Scheinvorteile erhalten, doch der Preis ist groß, wenn wir uns selbst verleugnen und dabei aus dem Gleichgewicht geraten: Eine so genannte Managerkrankheit zwingt uns dann z. B. irgendwann einmal, wieder auf uns selbst zu hören; eine zerrüttete Partnerschaft erinnert uns daran, dass wir wieder anderen und uns selbst ein guter Partner werden müssen; und der Mangel an Zeit bringt uns ins Bewusstsein, dass die Lebensspanne, zu der wir angetreten sind, endlich ist. Oder wie Goethe es formulierte: »Das Leben ist viel zu kurz, um schlechten Wein zu trinken.«

Wenn wir uns bewusst machen, dass wir nackt angetreten sind und diese Welt ohne Hab und Gut wieder verlassen müssen, wenn wir uns vor Augen führen, dass möglicherweise all die Versprechen von höheren Himmeln und die Bedrohungen von möglichen Höllen in dieser Form der Konditionierung Ausgeburten des menschlichen Denkens sind, dann können wir lernen, das Leben und uns selbst zu lieben, wie wir sind.

Ein Mystiker sagte einmal, als er gefragt wurde, wie das Leben nach dem Tode weiterginge, ziemlich simpel: »Ganz einfach, die Glücklichen werden weiterhin glücklich sein, die Unglücklichen weiterhin unglücklich, wie sonst?«

Ich glaube, dass es zu den hohen Künsten auf Erden gehört, inmitten aller möglicher Umstände ein glücklicher Mensch zu sein; doch sollten wir hier unterscheiden zwischen wahrem Glück, das aus dem Lächeln der Seele herrührt und in der Lage ist, alle möglichen Situationen unbeschadet und sogar mit Liebe zu überstehen, und jenem scheinbaren Glück, das so vergänglich ist, weil es doch nur von außen geborgt ist.

Wer glücklich aus sich selbst heraus ist, weil er sich zutiefst liebt, weil er das Leben bedingungslos liebt, weil er die Dinge liebt, wie sie sind, hat es nicht nötig, sich oder andere zu »vergewaltigen«.

Während der Raff- und Habgierige immer stärkere Reiz- und Suchtmittel braucht, um noch ein gewisses Gefühl an Freude zu gewinnen, kann der von innen heraus glückliche Mensch sein Leben genießen und zugleich die Schöpfung durch sein Dasein bereichern. Indem wir uns selbst lieben und bewusst annehmen, können wir dieses Gefühl mehr und mehr auch auf ein Umfeld übertragen, das unseren Wünschen gerade weniger entspricht, weil wir die Quelle der Liebe gefunden haben.

Jede unerfüllte Sehnsucht ist ein geistiger Mangel in uns. Wer glaubt, durch Ablehnung seiner Wünsche Glücklichsein ausdrücken zu können, irrt sich. Oft behindern wir unsere eigene Erfüllung durch unsere Glaubenssätze. Zum einen wünschen wir uns bestimmte Dinge, und zum anderen heißen wir sie für schlecht. So entsteht eine gewisse Zwiegespaltenheit. Indem wir undogmatisch alle unsere Wünsche für gut heißen und uns dafür lieben, dass wir sie haben, beseitigen wir unsere Ambivalenz, unsere Zwiegespaltenheit, und können unsere Wünsche voll in Besitz nehmen und ihren Geheimnissen auf die Spur kommen.

Alles, was wir tun müssen, ist, unsere inneren A-priori-Bewertungen über das, was wir erleben wollen, loszulassen. Weder sind die Wunscherfüllungen »unerreichbar«, noch sind sie »bestrafenswert«. Das Geheimnis, in sich zu ruhen, ergründen wir, indem wir uns darauf einstimmen, »wir selbst« zu sein, zu uns selbst und auch zu unseren unerfüllten und erfüllten Wünschen und Sehnsüchten zu stehen, dann können wir uns erlauben, auch dafür dankbar zu sein.

Alles, was wir begehren, kommt nach einer gewissen Zeit zu uns, es sei denn, wir blockieren es durch Negativdenken. Enthalten wir uns einer Bewertung über unsere Wünsche, können wir dem Leben erlauben, die Situationen so einzufädeln, dass sich unsere Wünsche auch erfüllen.

Auf der geistigen Ebene existiert keinerlei Bewertung dessen, was wir erleben wollen. Der himmlische Vater hat uns dieses Leben geschenkt, und wir können und dürfen es lieben und feiern. Der bewertende Verstand ist für viele ein Selbstfolterinstrument, doch er muss es nicht sein. Wenn er nicht richtig eingestimmt ist, kann er uns zur Verzweiflung bringen. (»Warum habe ich nur …?« – »Hätte ich doch …«)

Indem wir alles, was wir erleben, Gott weihen und ihm dafür danken, dass wir es erfahren dürfen, kann Wunscherfüllung ein gesegneter Weg sein, um mehr und mehr in unserer Mitte zu ruhen. Wir brauchen dann immer weniger, weil uns immer mehr bereits erfüllt wurde. Wer wirklich gut gegessen hat, ist satt und kann andere aus seiner Mitte heraus speisen …!

»Liebe kann Leben eine Schönheit geben,
die wir vorher nicht sehen konnten.
Gelassenheit kann Leben eine Zentriertheit geben,
die uns an Unsterblichkeit erinnert.
Dankbarkeit kann Leben eine Gnade geben,
die uns an unseren himmlischen Vater erinnert.«

Klaus Jürgen Becker

Wenn wir versuchen, mit fest gefügten Vorstellungen dem Leben hinterherzujagen, sind wir am Abend abgekämpft und wissen gar nicht, wofür wir den ganzen Tag gelebt haben. Wenn wir aber mit dem Leben in liebevoller Symbiose leben im Hier und Jetzt, erfüllt uns jeder Augenblick, egal, wie »fleißig« oder »faul« wir gerade sind. Und wenn wir schon eine Arbeit machen müssen, dann können wir sie auch sehr gut aus unserer inneren Mitte heraus tun, d.h. ohne irgendeine Bewertung, wir tun sie quasi als Zeuge und gehen bei unserer Arbeit im Augenblick auf.

Wenn es uns gelingt, uns darauf einzustimmen, mit dem Bewusstsein im Hier und Jetzt zu sein, dann ruhen wir in uns, ob wir nun gerade ein Rennen auf dem Nürburgring fahren, das letzte Flugzeug verpasst haben oder eine Auseinandersetzung mit dem/der Partner(in) haben. Das bedeutet keineswegs, dass wir emotionslos werden sollten, aber wir werden auch derartige Situationen mit einer gewissen Gelassenheit überstehen.

Sich auf das Gesetz der Harmonie einstimmen

Durch die Gegenwart Gottes in mir,
die *ich bin* und die durch mich wirkt als Ich,
mache ich mir die folgenden Worte bewusst:
»*Ich bin* geborgen in der Harmonie allen Lebens,
die wie ein fein abgestimmtes Orchester
das Weltall und alle Zeiten durchdringt.«

Wenn wir erkennen und uns darauf einstimmen, dass das ganze Universum stets sich selbst ausgleicht, kann uns dies von zwanghaften Handlungen und Fixierungen befreien. Wir haben ein Recht darauf, zu sein, wie wir sind – ebenso wie alle anderen Menschen auch. Und wir machen manchmal Fehler. Diese Fehler führen zu Konsequenzen in dem Sinne, dass wir dadurch das Leben zwingen, einen Ausgleich herbeizuführen. Wenn wir z. B. jemandem Geld wegnehmen, wird uns ebenfalls etwas genommen werden, früher oder später, mehr oder weniger – dies geschieht nach einer Ordnung. Das Gesetz reguliert sich selbst. Auf solchen Wegen lernen wir das Weltengesetz kennen und respektieren.

Wir können zwar durch unser Ego Mauern gegen das

Weltengesetz aufbauen, wir werden etwa argwöhnisch oder versuchen, unseren Besitz gegen Verfall zu sichern, manch einer sogar mit der Pistole neben dem Bett. Dann erleben wir aber vielleicht irgendwann einmal, dass unser Heizkessel in unserem Haus explodiert oder der Motor unseres Autos seinen Geist aufgibt – das Leben ist sehr einfallsreich, wenn es darum geht, den notwendigen Ausgleich herzustellen...

Oft wird uns dann etwas genommen auf einem Gebiet, wo wir am wenigsten damit gerechnet hätten. Das Gesetz der Harmonie geschieht also nach dem Prinzip des Energieausgleichs, den wir auch aus der Physik kennen.

Nun ist es aber z.B. nicht so, dass jeder, der permanent gibt, automatisch empfängt – damit er etwas erhalten kann, muss er sich auch auf den Zustrom von Liebe, Wohlstand usw. einstimmen. Wenn Glaubenssätze oder was auch immer ebendies behindern, dann kann ein Mensch selbstlos geben, so viel er will, er wird nie zu etwas kommen, weil er sich selbst bzw. sein Selbst blockiert. Dann kann es sogar sein, dass er in Stress gerät und sogar meint, *zu wenig* gegeben zu haben – dabei hat er nur vergessen, sich in Harmonie dem Zustrom der entsprechenden Energie zu öffnen.

Was immer in unserem Leben geschieht, auch wenn wir damit nicht einverstanden sind, sollten wir es zunächst einmal anerkennen in dem Sinne, dass wir sagen: »Ja, das habe ich kreiert«, die volle Verantwortung dafür übernehmen, unsere Pflichtübung absolvieren – und dann »zur Kür übergehen«. Denn wenn wir uns gegen irgendetwas, was geschieht, mit Gewalt wehren, errichten wir eine Mauer zwischen dem schöpferischen Teil in uns und dem Ergebnis. Dies hat zur Folge, dass wir uns in einer Realität wiederfinden, in der wir uns nicht als Kreator der Realität sehen, die wir vorfinden, sondern vom Schöpfer der eigenen Realität zum Geschöpf »abrutschen«.

So entstehen »Ver-damm-ungen«: Wir bauen einen *Damm* zwischen der göttlichen Gegenwart des »Ich bin« und dem, was ist, und nennen dies »Werk des Teufels«. Das Wort »Teufel« lässt sich etymologisch auf das altgriechische Wort *diábolos* (= »verleumdend, schmähend« u.a.) zurückführen, eine Bildung zu *diabállein* (= »durcheinander werfen«). Wenn wir bewusst sind, erkennen wir, dass wir selbst etwas durcheinander gebracht, den Teufel selbst kreiert haben, aus unserer fehlenden Bereitschaft, uns selbst ein »Erlöser« zu sein.

Indem wir uns und unser Leben mit unseren Licht- und Schattenseiten annehmen, so wie wir sind, und eben beide Seiten »prozessieren«, leben wir in Harmonie mit dem Leben. Wir sind in Harmonie mit dem, was wir an Rohmaterial in uns vorfinden, mit allen »niedrigen« und »höheren« Aspekten, und bringen diese Harmonie zur Weiterentwicklung. Die Tendenz zum Urteilen löst sich auf, und wir nehmen das Leben, so wie wir den Grünkohl und das Dessert gleichermaßen genießen und für unsere biochemischen Prozesse »nutzen«.

»So wie Igel am liebsten
Schlangen und Schnecken essen,
so esse ich Träume, die ihr ›böse Träume‹ nennt,
und wandle sie um durch die Kraft meiner Liebe.«

Variation zu Michael Ende:
»Das Traumfresserchen«

Ein derartiges Verstehen im Einklang mit dem Gesetz der Harmonie gebiert immer mehr die Kraft, alles zu wandeln, und erlebt Leben als wachsendes Verständnis in einer umfassenderen Form und höheren Ausrichtung.

Ein Mann kam nach seinem Tode zu Gott, und Gott zeigte ihm sein Leben als Fußspuren im Sand. Der Mann erkannte, dass immer zwei Fußspuren nebeneinander waren, und wusste, dass Gott stets mit ihm war. Doch an den schweren Schnittstellen des Lebens sah er nur eine Spur. Und der Mann sagte: »Herr, in guten Zeiten warst du immer mit mir, das sehe ich an den zwei Spuren, doch in den schweren Zeiten sehe ich nur eine Spur, warum hast du mich da verlassen?«

Und der Herr antwortete: »Du verstehst das falsch, mein Sohn. Es ist richtig, dass ich in guten Zeiten immer mit dir war, doch in schweren Zeiten, da habe ich dich getragen!«

Das Gesetz der Harmonie zu leben, bedeutet auch, alle Aspekte in uns zu ihrem Recht kommen zu lassen und zu »prozessieren«, damit sie dem himmlischen Vater dargeboten werden können. Wir können uns den Menschen als ein Konglomerat von inneren Personen vorstellen. Da sind Anteile in uns, die sich vergeistigen wollen, sowie animalische Anteile, die unserer Tierseele entstammen, und viele andere mehr. Wenn wir uns nur für einen Aspekt unserer selbst entscheiden und alles andere meiden, kreieren wir einen inneren Feind, der uns nach dem Gesetz der Harmonie irgendwann einmal in den Rücken fallen muss. Integrieren wir aber die »dreizehnte Fee« in uns, kann unser inneres Dornröschen, unsere göttliche Gegenwart, aus dem Winterschlaf erwachen und das Leben lieben, *wie es ist*.

In diesem einzigartigen Lebensspiel, das wir durchlaufen, haben wir die verschiedensten Dramen und Lustspiele abonniert, doch oftmals sind wir in einem Bühnenstück stehen geblieben, bzw. unsere DVD »bleibt hängen«, weil wir mit einem Teil, den wir »mitbestellt« haben, nicht »ein-verstanden« sind, d.h. das *Eine* nicht *verstanden* haben. Das *Eine*, der Ursprung, die Quelle, aus der wir herausgetreten sind, hatte nie ein Werturteil darüber, was wir kreiert haben, denn *er* ist alles, was ist. Damit wir gelassener und in Harmonie in die Zukunft schauen können, sollten wir dem Leben erlauben, die Dramen und Lustspiele, die wir bisher vermieden haben, in die »All-Einheit« zu integrieren.

Denn alles, was wir »nicht sein wollen«, kostet uns Energie und nimmt uns die Gelassenheit. Je mehr wir schlicht wir selbst sind, umso mehr leben wir in und mit dem Gesetz der Harmonie und haben mehr und mehr die freie Wahl darüber, welche Rolle wir gerade spielen wollen und welche nicht.

Das Gesetz der Harmonie wirkt also in doppelter Hinsicht: Zum einen fordert es uns auf, mit uns selbst und mit all unseren Teilpersönlichkeiten und -aspekten in Harmonie zu leben, und zum anderen, das Leben als Partner anzunehmen und in Harmonie mit allem, was ist, die sonnigen wie die schattigen Bereiche unserer Lebenskurve mit Liebe und der Gegenwart Gottes durch uns zu »prozessieren«.*

* Weitere Informationen über das Gesetz der Harmonie liefert das Buch *Die geistigen Gesetze* von Kurt Tepperwein (München 2002).

Sich einstimmen auf alles, ohne sich zu fixieren

Durch die Gegenwart Gottes in mir,
die *ich bin* und die durch mich wirkt als Ich,
mache ich mir die folgenden Worte bewusst:
»Durch die Gegenwart Gottes in mir kann ich
in liebender Anerkennung alle äußeren und inneren
Personen und Aspekte lieben, ohne mich daran zu
binden.
Denn *ich bin* mit der Quelle aller Kraft verbunden,
und dafür bin ich dankbar.«

Das Leben erscheint uns vielfach bedrohlich; und weil wir Angst vor dem Leben haben, wie es ist, versuchen wir vielleicht, uns an Einzelsituationen oder Personen zu klammern. Jene aber stellen für uns keineswegs den »Quell aller Sicherheit« dar – im Gegenteil, sie bringen uns vielmehr erst in wirklichen Stress, wenn sie nicht so »funktionieren«, wie wir es erwarten.

Das Leben ist ständig neu und spannend und möchte uns mit seinen Gesetzmäßigkeiten vertraut machen. Dies aber können wir nicht erfahren, wenn wir uns an Einzelsituationen und -personen fixieren.

Indem wir uns bewusst machen, an welche inneren oder äußeren Menschen oder Gegebenheiten wir uns unbewusst klammern, können wir das Potenzial befreien, das wir an sie gebunden haben. Auch können wir uns anschauen, an welchem Glaubenssatz wir uns festhalten – auch solche sollten wir notfalls ergänzen durch sinn- und gehaltvollere Vorstellungen.

Wenn ich z.B. glaube, jemand stelle die Garantie für meine absolute Versorgungssicherheit dar für den Fall, dass ich mein Leben nicht selbst bewältigen kann, sollte ich zu der Erkenntnis kommen: Die göttliche Gegenwart, die *ich bin*, ist die Quelle aller »Versorgung«; und indem ich das Gesetz der Harmonie im Außen befolge, kann ich das Wunder der Erfüllung leben und erleben.

Oder wenn ich glaube, indem ich allem entsagte, entkäme ich dem Leiden der Welt und erführe himmlische Belohnung, sollte ich die Erkenntnis gewinnen: Gott will sich durch mich in der Welt ausdrücken, *wie sie ist*. Gott schuf die Welt und »fand sie gut«. Warum nicht *seine* Welt erfahren und die Liebe zu »allem, was ist« dadurch erweitern und die Fesseln selbst auferlegter Dogmen zugunsten eines Lebens in wandelnder Liebe erlösen?

Was aber sollen wir tun, wenn andere sich subtil an uns klammern und »runterziehen«, so wie Ertrinkende, die einen Rettungsschwimmer in Gefahr bringen? Es wird in solch einem Fall empfohlen, den Ertrinkenden »k.o. zu schlagen« und dann heimzuholen. Wir tun dies auch, natürlich nicht physisch, sondern geistig. Indem wir die Verantwortung für den Prozess übernehmen, ihn durchschauen und mit den gelernten Methoden bearbeiten, »schlagen« wir die im Außen empfundene klammernde Negativkraft in uns »k.o.« und können mehr und mehr mit der Person zusammen sein, ohne uns »ausgesaugt« zu fühlen.

Stellen wir uns einmal vor, dass uns z.B. eine ganz bestimmte Person »X« anruft und uns um einen Gefallen bittet, den sie sich auch problemlos selbst erweisen könnte, während wir gerade so schön in unserer Kraft sind und etwas anderes vorhaben – und die Person X mit ihrer piepsigen Stimme und ihrem verlangenden Unterton uns den gesamten Saft aus unserem Körper zieht. Gleichzeitig macht sie uns damit »süchtig nach sich«, weil wir die Energie, die sie von uns abgezogen hat, sehr wahrscheinlich von ihr wiederbekommen wollen.

In solch einem Fall müssen wir erkennen, dass niemand uns Energie abziehen kann, wenn nicht ein entsprechendes Muster in uns das zulässt. Wir anerkennen, dass die scheinbar abgezogene Energie weg ist, sagen: »Geschenkt«, und lassen sie los. Dies ist auch ein Heilmittel für jeden Spielsüchtigen: einen Verlust unwiderruflich anzuerkennen und loszulassen. Es ist genug Energie im Universum vorhanden, also holen wir uns frische, unverbrauchte, indem wir wieder in unsere »Ich-bin-Gegenwart« gehen und aus ihr heraus das in uns auf den Vorfall resonierende Muster bearbeiten. Wir machen uns bewusst: »Was ist los?« (Wir können etwa eine Liste erstellen.) Wir entdecken das Muster der Klammerung, z. B. »den/die Kleine(n) mit einer Bitte vorzuschicken, um so den anderen zu öffnen und dann ›Blutsauger‹ zu spielen«.

Da der Prozess unbewusst abläuft, weiß X, was er/sie tut. Statt jedoch X verändern zu wollen, suchen und ändern wir die Resonanz in uns, indem wir anerkennen, dass auch wir manchmal so sind. Wir empfinden dieses Muster, gehen hinein, dehnen uns in ihm aus, geben ihm einen möglichst treffenden und wertneutralen Namen (etwa: »Das ist ›Verzerrung‹«) und »entidentifizieren« uns davon: »Das ist nicht die göttliche Gegenwart, die *ich bin*, das ist ein Muster.«

Ob X sich jetzt mit diesem Muster an andere klammert oder unbewusst nun auch das Muster loslässt, ist nicht unser Bier, wir sind frei!

Nach den Prophezeiungen von Celestine* wird es auf der Erde bald gewaltige Kämpfe um »Energie« geben. Eine Person wird sich an die andere klammern und von ihr bewusst oder unbewusst »Energie abzusaugen« versuchen, statt sich an die Quelle direkt zu wenden. Die daraus erwachsenden Problemtypen können Sie wie folgt bearbeiten (Auswahl):

- *Der Angeber/der falsche Prophet:* Er versucht, Sie zu beeindrucken, indem er sich als von Gott auserwählte oder zumindest besonders wichtige Person darstellt. Auf diese Weise weckt er in Ihnen Minderwertigkeits-

* Vgl. die gleichnamigen Bücher von James Redfield.

gefühle und macht Sie letztlich süchtig nach Ihrer eigenen Projektionsenergie.

Lösungsvorschlag: Erkennen Sie, dass niemand minderwertig und niemand vor Gott etwas Besonderes ist. Lassen Sie nicht zu, dass jemand sich an Sie klammert, und klammern Sie sich nicht an andere, sondern besinnen Sie sich auf Ihre eigene göttliche Gegenwart.

- *Der Unschuldsengel/der Arme:* Dieser Typus versucht, sich als besonders gut hinzustellen, und suggeriert Ihnen, Sie seien »ein böser Mensch«, wenn Sie nicht auf seine Anliegen eingingen oder ihn förderten.

  Lösungsvorschlag: Nehmen Sie Abstand, gewinnen Sie innere Ruhe und atmen Sie tief in Ihren Bauch, um zu spüren, was für Sie stimmt.

- *Der Dogmatiker/der Oberlehrer:* Das ist jemand, der ein ganz bestimmtes Verhalten von Ihnen erwartet und Sie ins Unrecht setzt, wenn Sie sich selbst leben.

  Lösungsvorschlag: Finden Sie die Wahrheit in sich selbst, nicht in Dogmen oder Verhaltensvorschriften.

- *Der Unwissende/der ewige Frager:* Dieser Typ versucht, an Ihre Energie heranzukommen, indem er sich permanent irgendwelche weltpolitischen oder pseudoesoterischen Probleme einfallen lässt und Ihnen damit ein Loch in den Bauch fragt.

  Lösungsvorschlag: Erkennen Sie Fragen, die ins Endlose führen, und beantworten Sie sinnvolle Fragen kurz und knapp, ohne unhöflich zu sein oder sich zu weit zu öffnen. Nehmen Sie Geld für Ihre Telefonberatung.

- *Der Besorgte:* Dieser Typ fragt permanent bekümmert, wie es Ihnen geht. Kaum geben Sie eine Antwort, macht er ein Dreistundengespräch daraus, nach dem Sie zu Tode erschöpft und fertig mit den Nerven sind.

Lösungsvorschlag: Hören Sie aus der Frage »Wie geht es dir?« den Unterton heraus. Oft rufen nämlich Menschen mit dem Vorwand an, wissen zu wollen, wie es Ihnen geht, weil sie sich selbst mies oder gelangweilt fühlen, und übertragen unbewusst ihre Energie auf Sie. Gehen Sie in Ihre eigene Kraft, bevor Sie sich mitteilen, und achten Sie darauf, dass es nicht in Wehleidigkeiten ausartet. Dort, wo Sie spüren, dass das Gespräch Sie aufbaut, teilen Sie sich natürlich ausführlicher mit.

- *Der Stressfanatiker:* Das sind Menschen, die sich ständig mehr vornehmen, als ihnen von der Schöpfung zugedacht ist, sei es aus Größenwahn oder aus Unkenntnis, und die dann, ständig überarbeitet, Sie in ihre Stressspiele einbinden wollen, um so von Ihnen Energie abzusaugen, um ihre »Stressspiele« weiterspielen zu können.

  Lösungsvorschlag: Haben Sie kein schlechtes Gewissen, auch einmal faul zu sein, lassen Sie sich nicht in »Stressspiele« einwickeln.
- *Der Einschmeichler:* Dies ist wohl die gefährlichste Art, wie Sie ausgesaugt werden können. Denn wer hätte es nicht gern, der Größte, Beste, »Richtigste« usw. zu sein? Auch wenn man glaubt, man würde diesen Typus immer sogleich erkennen, ist Vorsicht angesagt, denn die Einschmeicheleien geschehen manchmal sehr subtil – sie arbeiten aber dennoch wie geliehenes

Geld. Und sie werden möglicherweise genau dann zurückgefordert, wenn Sie am schwächsten sind.
Lösungsvorschlag: Beziehen Sie Ihren Selbstwert durch Ihre innere Rechtschaffenheit, nie durch äußere Schmeicheleien.

Alle diese »Typen« sind natürlich wunderbare Spiegel für Ihre »inneren Personen« bzw. Persönlichkeitsanteile und damit hervorragende Gelegenheiten, sich einmal anzuschauen, wie Sie »in so eine Welt kommen«, in welcher derartige Spiele gespielt werden. Sie können sich hier also selbst auf die Spur kommen. Sensibilisieren Sie sich dafür, wenn eine Person sich an Sie klammert. Im Laufe der Zeit werden Sie sensibel für die »saugenden Untertöne« in der Stimme, in dem Ausdruck der Person. Versuchen Sie nie, den betreffenden Menschen zu bearbeiten, sondern immer das Muster, und zwar nicht beim anderen, sondern in sich selbst. Der andere mag dann das erlöste Muster über das »morphogenetische Feld« abrufen, um sich in Zukunft anders zu verhalten, oder eben auch nicht.

Aus höherer Sicht sind alle Situationen des »Klammerns« oder »Energieabsaugens«, in die Sie kommen könnten, lediglich Indizien dafür, dass Sie zufällig wieder einmal vergessen haben, wer Sie sind, und Ausdruck Ihrer eigenen Ängste um Ihre Energie. Wo es Ihnen gelingt – egal, welche Masche der andere anwendet –, in Ihrer »Ich-bin-Gegenwart« zu bleiben, gibt es sowieso kein Aussaugen. Durch ein ständiges Leben und Zum-Ausdruck-Bringen *seiner* Gegenwart erfahren

Sie sich mehr und mehr als göttlichen »Pulsar«, der alles, was ihm in die Gerade oder die Quere kommt, durch seine Urquellpulsation segnet und sich daran erinnert.*

Sich befreien von Anklammerungen an Einzelpersonen bedeutet allerdings auch, dass Sie selbst niemanden konditionieren oder einklammern sollten. Denn jede Konditionierung wirkt in zwei Seiten, sie schlägt zurück, wie die folgende Parabel persifliert:

> Im Versuchslabor eines Wissenschaftlers, der mit Mäusen experimentierte, führte die alte Maus die neue ein: »Der Professor ist ein toller Typ, ich habe ihn wunderbar konditioniert. Schau: Kaum drücke ich auf den Knopf, schon kommt der Käse.«

Nur wenn wir unsere Beziehungen der beidseitigen »Entkonditionierung« weihen, können wir einander aus Koabhängigkeiten** befreien.

Von Anklammerungen zu trennen sind Schicksalsgemeinschaften, die von höherer Stelle für einen be-

* Weitere Gedanken darüber, was es heißt, ein göttlicher »Licht-Zeit-Lebens-Pulsar« zu sein, können Sie beispielsweise den Büchern von Johann Kössner entnehmen, erschienen im Verlag Neue Erde, Heidenreichstein, Österreich.

** Unter dem Begriff »Koabhängigkeit«, auch »Co-Abhängigkeit«, versteht man in der Regel zweierlei: einerseits die Situation des engen Umfelds von Suchtkranken (also die Lage ihrer Partner, Kinder oder Eltern); andererseits eine Liebes- bzw. Beziehungssucht, die im Extremfall so weit gehen kann, dass man an einer Partnerschaft festhält, obwohl man an ihr zu zerbrechen droht.

stimmten Zweck und eine bestimmte Zeit geschaffen wurden, z. B. Forscherteams. Dabei sollen und müssen wir so lange »zusammenhalten«, bis die Aufgabe beendet ist. Dann aber gilt es auch hier, eine eventuelle Anklammerung zu lösen, denn Freiheit ist immer das Geschenk des Individuums, das sich meisterhaft in ein ständig wechselndes Kollektiv in Zeit und Raum einzubringen vermag.

Mit dem Unbewussten kooperieren

Durch die Gegenwart Gottes in mir,
die *ich bin* und die durch mich wirkt als Ich,
mache ich mir die folgenden Worte bewusst:
»*Ich bin* in Verbindung mit den Reichen des Unbewussten.
Ich bin bereit und in der Lage,
mir das Unbewusste zum Freund und Helfer zu erwählen;
und dafür, dass ich das kann, darf und soll,
dafür bin ich dankbar.«

Wenn wir das *Tages*bewusstsein mit der Spitze eines Eisbergs vergleichen und das *Unter*bewusstsein mit dem unter dem Meer liegenden Teil des Eisbergs, so müssen wir erkennen, dass das *Un*bewusste nicht nur das Eis unter der Wasseroberfläche ist – sondern *das Meer selbst*, der Ozean unzähliger Möglichkeiten.

Wir können sagen, dass die Kristallisation des »Ich« ebenjener Eisberg ist, der quasi eine Abgrenzung gegen das Unbewusste als solches darstellt. Das Unbewusste aber ist nicht getrennt vom Eisberg, es umspielt ihn, doch es ist fließend, nicht fixiert. Während die Spitze des Eisbergs fixiert ist auf die jeweiligen Projektionen des Verstandes und das Unterbewusstsein die dort abgelegten Muster und Möglichkeiten beherbergt, ist das Unbewusste nicht daran gebunden.

Es mag Sie vielleicht verblüffen, wenn ich Ihnen mitteile, dass Sie sich nicht unbedingt mit Ihrem Tages- oder Unterbewusstsein identifizieren müssen, dass Sie als Bewusstsein vor allem eine kooperative Beziehung mit dem Unbewussten eingehen können und sollten. Dort nämlich fließt das Leben, dort kommen Sie mit dem Leben vorurteilsfrei in Berührung.

Das Unbewusste ist jenseits aller Zeit und deshalb auch nicht an die einzelnen Kapitel oder gar Buchstaben unseres Lebensbuches gebunden – es kennt stets das ganze Buch. Jede Geschichte hat Anfang, Mitte, Ende, ihre eigene Logik und ihren eigenen Verlauf. Nach dem Gesetz der Harmonie gleicht sich alles stets wunderbar aus. Das gilt auch für das Wunscherfüllungsprinzip, denn nach dem Gesetz der Harmonie kann einem Menschen kein Wunsch erfüllt werden, ohne dass dieser bereits das Potenzial der Erfüllung in sich trägt. Oftmals ist es nur der »Wahn des kleinen Ichs«, der sich gegen die Fülle versperrt – mit einem Konglomerat an Glaubenssätzen und unsinnigen Überzeugungen.

Wenn wir an der Erfüllung zweifeln, sie »zergrübeln«, sie »zerdenken« oder wenn unsere Muster jeden Wunsch blockieren, wir aber gleichzeitig von der Erfüllung unserer Wünsche träumen, wäre das so, als wenn wir permanent beim Otto-Versand eine Bestellung aufgäben und sie 5 Minuten später wieder abbestellten. Die Kooperation mit dem Unbewussten ist also nicht eine zwanghafte Positivinterpretation all unserer Lebenssachverhalte, sondern ein Verzichten auf das Negativdenken, d.h. auf das sinnlose Abspielen von irgendwelchen immer gleichen negativen Ton- und Bildträgern, die uns peinigen, uns Depressionen aufbürden oder Ängste einjagen und das Unbewusste bei seiner Arbeit stören.

Wenn wir einen Wunsch in uns tragen, brauchen wir jene Gelassenheit, in der wir uns nicht mehr in die sich erfüllende Energie einmischen. Wenn wir einen Blumengarten säen, ist es wichtig, dass wir nicht wieder den Samen ausgraben oder an den keimenden Blättern herumzupfen, dadurch würden wir den Prozess nur stören. Richtig ist es, ohne Einmischung der Blume beim Wachsen zuzusehen, Zeuge zu sein, gegebenenfalls Dünger und Wasser dazuzugeben, den Dünger der inneren Bejahung und das Wasser der liebenden Wertschätzung. Wenn wir das Unbewusste für uns arbeiten lassen, es als Freund und Botschafter behandeln, hilft es uns bei unserer Navigation durch Zeit und Raum.

Das Unbewusste weiß oftmals sehr viel besser als wir, wie und in welchen Schritten die Erfüllung optimal in die Existenz gebracht werden kann. Manchmal spricht es »über das Leben« durch uns, wenn wir gerade den kontrollierenden Verstand ein wenig zur Seite geschoben haben, dann sollten wir das, was gesagt wurde, ernst nehmen.

Hierzu ein Beispiel, das gar nicht so »konstruiert« ist, wie es auf den ersten Blick scheinen mag: Wir wünschen uns aus tiefstem Herzen, einen Seelen- oder Lebenspartner kennen zu lernen. Einige Zeit nachdem wir diesen Wunsch in unserem Herzen bewegt haben, bittet uns eine ältere Dame, sie an einen bestimmten Ort zu fahren. Spontan sagen wir ja. Hinterher zweifelt der Verstand möglicherweise, man will viel lieber seine Zeit damit verbringen, Bekanntschaftsanzeigen zu entwerfen, sogar das Unterbewusstsein wehrt sich, es hat Vorurteile gegen das Herumchauffieren älterer Leute. Doch wir haben von innen her ja gesagt, und wir stehen zu unserem »Commitment« in dem Wissen, dass auch dies Bestandteil eines größeren Lebensplans ist und dass einfach »nichts schief gehen« kann.

Die ältere Dame bittet uns, irgendwo an einem Café auszusteigen und mit ihr eine kleine Rast zu machen – und dann, exakt in diesem Café, lernen wir genau die Traumfrau bzw. den Traummann kennen, den oder die unser Unbewusstes uns zuführen wollte …

In der Zurücknahme jener Meinungen und
Interpretationen des »kleinen Ichs«
erfahre ich mein Leben eingebettet in ein
Meer von Synchronizität
als die Liebe des Lebens zu mir selbst.
Und dafür bin ich dankbar.

Das Unbewusste hat also durchaus eine schöpferisch-kreative Kraft und kann in Anerkennung des ganzen Lebensplans für uns arbeiten. Wenn wir es uns zum Freund machen, kann uns das Unbewusste mit Siebenmeilenstiefeln an all das heranbringen, was wir uns erträumen.

Die Dinge sich entwickeln lassen

Durch die Gegenwart Gottes in mir,
die *ich bin* und die durch mich wirkt als Ich,
mache ich mir die folgenden Worte bewusst:
»*Ich bin* eingebettet in Anfang, Mitte und Ende
meines selbst geschaffenen Lebensspiels,
so wie alles Anfang, Mitte und Ende hat.
Indem ich den Anfang erlaube,
in der Mitte die Energie am Brennpunkt halte
und das Ende durch *ihn* sich offenbaren lasse,
bin ich eins mit den Zyklen des Lebens.
Und dafür bin ich dankbar.«

Die Schöpfung wiederholt sich nicht punktgenau. Alles hat seine eigene Entwicklung. Indem wir Leben wertfrei begleiten, können wir der Entfaltung der Dinge zuschauen, wir können sehen und erkennen, wie Wünsche und Sehnsüchte, die wir haben, aber auch unsere eigene Selbstvervollkommnung, sich auf wunderbare Weise entwickeln, d.h. sich »auswickeln«.

Dort, wo wir alles für möglich halten, können wir Erfolg auch da wahrnehmen, wo die Prozesse recht unlogisch erscheinen und dennoch zielsicher ihr glorreiches Ende erreichen. Indem wir der Entwicklung vertrauen, sie begleiten, sie betreuen, im Erfolg wie in der Niederlage unserem Selbst die Treue halten, können wir das Wunder des Lebens an uns selbst erleben.

Wir können das, was ist und was geschieht, in Liebe begleiten als Prozess der Selbstoffenbarung – in dem Wissen, dass jeder Prozess, den wir in Liebe durchlaufen, uns einen heilsamen Spiegel aufzeigt, der uns erlaubt, ungemein viel über uns und das Leben zu erfahren und zu offenbaren.

Die Dinge sich entwickeln zu lassen, bedeutet auch die Teilnahme an einem regen und engagierten Leben. Es ermöglicht uns, dass wir uns ganz als uns selbst einbringen in dieses Lebensspiel als der, der wir sind, als einzigartiger Mensch in einem einzigartigen Projekt, und gleichzeitig den Dingen ihren Lauf zu lassen, die wir in Liebe begleiten im Strom der Zeit.

Alles kommt zu seiner Zeit

Durch die Gegenwart Gottes in mir,
die *ich bin* und die durch mich wirkt als Ich,
mache ich mir die folgenden Worte bewusst:
»Die Welt und alles, was ich in ihr finde,
ist ein Spiel von Zeit und Raum.
Indem ich Zeit und Raum ergründe,
bin ich erwacht vom Weltentraum.
Ich bin Gestaltkraft, wirkend in der Zeit,
im Dienste Gottes erdenmanifestierter Wirklichkeit.«

Alle Dinge haben ihre eigene Entwicklungszeit. Wir sind eingewebt in ein multidimensionales Flechtwerk der Zeit; und gäbe es ebendiese nicht, gäbe es keinen Raum, kein Leben, keinen Fortschritt, kein Wachstum.

Eine Eiche wächst langsamer als Brunnenkresse. Auch bei unseren Projekten, Wünschen und Anliegen ist es so, dass sie unterschiedliche Laufzeiten haben. Leben findet in einer multidimensionalen Matrix von Zeit statt, die sich aus vielen Einzelfaktoren zusammensetzt, vom Lauf der Sterne bis zum Tempo der Zellteilung, von der menschengeschaffenen mentalen Zeitauffassung bis hin zu den Rhythmen der Natur. Und auch wenn wir Zeit in unzählige Einzelbestandteile auffächern können, handelt es sich doch immer um das Gleiche, nämlich um *Zeit an sich*.

Wir können *Zeit* auch als ein *Wesen* betrachten, das in sich die unterschiedlichsten Tempi vereint, so wie wir Menschen auch ein jeweils anderes Tempo für Herzschlag, Atmung, Kraniosakral»puls«* und Schlaf-wach-Rhythmus haben.

Indem wir uns mit »der Zeit im Ganzen« in Einklang bewegen, mit jenem Freund, der wie ein Fluss »fließt und fließt und fließt…«, können wir in der Multidimensionalität unseres Daseins sowohl die schnell wie die langsam laufenden Projekte begleiten, ohne den Prozess voranzutreiben oder zu unterdrücken. Wir bauen ein Haus (ein Prozess, der über Monate läuft), und wir entwickeln eine Rede für die nächste Jahreshauptversammlung in unserem Tennisklub (ein Prozess, der Tage dauern kann); wir bringen unser Auto auf Vordermann (ein Prozess, der mehrere Stunden dauert), und wir überlegen, was unser Lebensziel sein mag (ein Prozess, der sich über Jahrzehnte hinziehen kann…).

Indem wir die Prozesse des Lebens weder vorantreiben noch unterdrücken, entwickeln wir eine Haltung von Gelassenheit. Alles ist in Veränderung, alles fließt,

* Nach der Kraniosakraltherapie (lat. *cranium* = »Schädel«, *os sacrum* = »Kreuzbein«) ein subtiler Bewegungsrhythmus des Schädels und der Hirn-Rückenmarks-Flüssigkeit (Liquor cerebrospinalis), der sich acht- bis vierzehnmal in der Minute ereignet.

und wir können in Einklang mit diesem Fließen sein, und zwar multidimensional.

Wir spüren möglicherweise, dass unser Arbeitsplatz, unsere Partnerschaft, unser Wohnort oder unsere bevorzugte Art der Freizeitgestaltung nicht mehr dem entsprechen, was eigentlich sein sollte. Allem seine Zeit einzuräumen, bedeutet, zu kommunizieren, was uns gerade bewegt. Wir bringen uns in die Lebensprozesse ein, ohne Porzellan zu zerschlagen oder aus dem Kopf heraus Entscheidungen vom Zaun zu brechen, und nehmen dann gelassen die angezeigten Veränderungen vor.

Wichtig ist es, dass wir diesem »Wesen Zeit« vertrauen. Aus einer begrenzt logischen Wahrnehmung heraus können wir oft die Prozesse des Lebens in ihrer mannigfaltigen Auswirkung nicht übersehen. Statt gewaltsam einzugreifen, üben wir uns oft besser in einem »Loslassen, zulassen, *ihn* lassen«. Alles kommt zu *seiner* Zeit.

So ist es z.B. auch beim Kennenlernen: Wenn wir einen Menschen treffen, den wir attraktiv finden, und gleich mit der Tür ins Haus fallen, sind wir unter Umständen frustriert, wenn der bzw. die andere uns einen Korb gibt, und rennen dann womöglich trotzdem in derselben Weise auf das nächste »Opfer« zu. So beginnen wir entweder, die Rolle eines traurigen, weil erfolglosen Don Juan oder einer Femme fatale zu spielen, mit dem Ergebnis, dass wir im Umgang mit uns fremden Menschen bzw. dem Flirten meist verkrampft sind. Sollte es dann doch einmal auf beiden Seiten funken, ergibt sich möglicherweise ein Strohfeuer, weil der Prozess des Kennenlernens noch gar keine Bandbreite entwickelt hat.

Indem wir beim Kennenlernen ganz im *Jetzt* sind und wissen, dass alles zu *seiner* Zeit kommt, kann gelassen das geschehen, was geschehen soll, und unsere Aufmerksamkeit widmet sich nicht unseren Bedürfnissen oder Ängsten, sondern wir lassen uns von einem höheren Bezugspunkt in diese Begegnung tragen.

So wie die »Freude, schöner Götterfunken« bei einer Neunten erst dann erklingen kann, wenn das Orchester durch die scheinbaren Wirren des Prozesses gegangen ist, so wie wir nicht beim Essen das Dessert im Voraus verspeisen, um dann hinterher die Erbsensuppe auszulöffeln, sondern bei beidem die richtigen Zeitschwellen bewusst und in Liebe durchlaufen, so erlauben wir dem Prozess der Zeit, sich durch das Leben und das Du zu offenbaren.

Wenn wir uns richtig auf die Zeit einschwingen und aus ihr heraus leben, sind wir wie ein Orchesterspieler, der so sehr mit dem Dirigenten *(ihm)* in Tuchfühlung ist, dass er aus seinem Inneren heraus stets die rechte Note zur rechten Zeit im *Jetzt* erklingen lässt und auch am großartigen Crescendo teilnehmen darf.

»Der Weg ist das Ziel,
wer immer nur auf das Ergebnis schaut,
kann den Weg nicht genießen.
Der Weg ist *hier und jetzt*,
wer immer nur an gestern und morgen denkt,
kann sich auf das *Jetzt* nicht einstimmen.
Der Weg selbst hat seine eigene Schönheit
und das geheime Wissen,
dass alles zu *seiner* Zeit kommt.
Ohne die Schönheit des Weges
wäre auch das Ziel sinnlos,
weil nach einem Ziel immer wieder
ein neuer Anfang winkt.
Ohne die Schönheit des *Jetzt*
wäre eine Zukunft sinnlos,
weil wir Leben nur im *Jetzt*
erfahren und feiern können.«

Klaus Jürgen Becker

Wenn wir bewusst und ständig im *Hier und Jetzt* sind, können wir erkennen, wie sehr alles zu seiner Zeit sich von selbst »meldet«, und erkennen diese unglaubliche Intelligenz und Synchronizität, die die Zeit innehat.

Gedanken, die uns in der *Zeit* tragen, die im *Jetzt* passend sind, haben eine ganz besondere Qualität, ein ganz besonderes Aroma; und im Zuge einer Sensitivierung können wir dies auch immer mehr erspüren. Wir fühlen uns dann in der Situation vielleicht wie ein Motor, der gut geölt ist und bei dem alles richtig eingestellt ist. Gedanken, die aus dem »kleinen Ich« kommen und Projektionen aus der Vergangenheit in das Jetzt tragen wollen, haben eine reibende, störende, unpassende Qualität. Indem wir immer stimmiger werden, schmilzt das »kleine Ich« zugunsten einer größeren Synchronizität, wir leben reibungsloser, gelassener, erfüllter, stimmiger.

Alles kommt zu seiner Zeit. Wir können in Einklang mit dem, was *jetzt* ist, leben, ohne darauf zu bestehen, dass es anders werden oder so bleiben muss. Nur so können wir Dinge wirklich verändern, indem wir in dem Vertrauen, dass alles zu *seiner* Zeit kommt, Veränderung durch uns geschehen lassen.

»Es gibt eine Zeit, zu lieben,
und eine Zeit, traurig zu sein.
Es gibt eine Zeit zum Faulenzen
und eine Zeit, fleißig zu sein.
Es gibt eine Zeit zum Lachen
und eine Zeit, zu weinen.
Es gibt eine Zeit, hinaus in die Welt zu gehen,
und eine Zeit, in sich zu gehen, in die Stille.
Es gibt eine Zeit für Oberflächlichkeit und Spaß
und eine Zeit für Tiefgang und den Ernst.
Leben zu meistern, bedeutet nicht,
das eine zu meiden und das andere zu suchen,
sondern alles zu *seiner* Zeit zu erlauben, zu bejahen,
mitzugestalten, mitzufließen.«

Klaus Jürgen Becker

Wenn wir bereit sind, zu erkennen, dass *Zeit* eine eigene göttliche Intelligenz besitzt, können wir uns ihr anvertrauen und mit ihr kooperieren.

Zeitqualitäten erkennen und nutzen

Durch die Gegenwart Gottes in mir,
die *ich bin* und die durch mich wirkt als Ich,
mache ich mir die folgenden Worte bewusst:
»*Ich bin* die Ordnungsstruktur,
die Zeit und Raum durchpulst.
Ich bin die geheime Ordnung der Zahlen,
der Primzahlen.
Ich bin das Zentrum im Strom der Zeit,
navigierend durch Zeit und Raum,
inmitten göttlicher, kosmischer, heiliger Strukturen.«

Wir bringen unsere Energie ein in die Zeit. Ungeduldig erwarten wir, dass die Zeit unsere Energie reflektiert. Wir wünschen uns dieses, und wir wünschen uns jenes.

Doch unsere Gedanken, Gefühle, Ambitionen brauchen eine Weile, um in die Erde eingewebt zu werden und von dort aus entsprechende Resonanz zu erzeugen, ebenjenes Zurückschwingen, das wir dann als Ergebnis vorfinden wollen. Wir möchten uns als schöpferische Wesen ausdrücken. Wir sind aber nicht die einzigen Mitspieler auf diesem Planeten, die sich kreativ betätigen wollen.

Wenn jetzt jeder sich mit seinen Ambitionen ohne Begrenzungen verwirklichen könnte, hätten wir einen furchtbaren »Salat« an Formationen, ein »Kuddelmuddel«, bei dem nichts mehr voranginge.

Für jedes Saatgut gibt es eine andere Zeit der Saat, der Ernte und des Pflegens. Wer Pflanzen, die im Herbst eingesät werden sollen, im Frühjahr sät oder umgekehrt, wird keine Ernte einfahren. Mittlerweile sind viele Menschen in der Wiederentdeckung der *Zeit* so weit fortgeschritten, dass sie nicht nur den Sonnenlauf, sondern auch den Stand des Mondes in ihre Planungen einbeziehen. Wir lernen wieder, dass es eine Qualität der Zeit gibt, wann es sinnvoll ist, das Holz zu schneiden oder die Haare, die Bohnen einzusäen und die Karotten, wir haben gelernt, wieder mit den Mondrhythmen zu schwingen. Wir haben in vielen Bereichen gelernt, wieder mit der Natur und ihren »Ge-zeit-en« zu kooperieren.

Die Hochkulturen aller Epochen befassten sich mit dem Lauf der Sterne und betrachteten ihn als eine kosmische Uhr, in die wir eingebettet sind. Vielleicht ist mehr daran, als wir denken? Astrologen, die z.B. mit den »sabischen Bildern« des frankoamerikanischen Astrologen Dane Rudhyar (1895–1985)* arbeiten, dokumentieren immer wieder, wie sehr die Astrologie in der

* Sabische Bilder sind Symbole prägnanter psychologischer Situationen, bezogen auf alle 360 Grade des Tierkreises – also relativ exakte Zeitqualitäten. Sie gehen auf den amerikanischen Priester Marc Jones zurück, der sie 1925 mithilfe des Mediums Elsie Wheeler zusammenstellte. Der Begriff »sabisch« soll aus der hebräischen Sprache von dem Begriff *(Yahwe) sabaoth* bzw. *seva'ôth* abgeleitet sein, was so viel wie »(Herr der) Heerscharen« bedeutet.

Lage ist, uns als Hilfsmittel für die Reise ins Innere unserer Seelenstrukturen, die wir nach außen projizieren wollen, zu dienen.

Nun sucht vielleicht der eine oder andere eine physische Erklärung dafür, wie Astrologie funktionieren soll. Die moderne Forschung gibt darauf Hinweise. Ich will damit aber nicht sagen, dass die Dinge so sein müssen, wie Astrologen sie sehen oder sehen möchten. Ich will lediglich das Bewusstsein anregen für Dimensionen, die im Rahmen einer Bewusstseinsinitiierung möglicherweise mehr Gelassenheit schenken können.

Es ist mittlerweile wissenschaftlich erwiesen, dass ein gewaltiger Neutrinostrom durch das ganze Weltall fegt. Das sind kleinste Teilchen, die aber durchaus Träger von Informationen sein können. Diese Teilchen sind so klein, dass sie durch Planeten und selbst durch Menschen hindurchgehen können. Könnte es nicht sein, dass ein Mensch, der zu einer ganz bestimmten Stunde geboren ist, eine ganz bestimmte Neutrinoprägung erfahren hat und dadurch einen ganz bestimmten »Schliff« bekommen hat, ähnlich wie die Prägung eines Bergkristalls, der je nach Schliff das Licht auf individuell einzigartige andere Weise reflektiert?

Ich glaube nicht, dass wir die Prägungen *sind*, die wir erhalten, weder die erziehungsmäßigen Prägungen noch die möglichen Prägungen durch Neutrinoströme. Es könnte aber zutreffen, dass sie über die Beschaffenheit unseres »Körperfahrzeugs«, mit dem wir »in Zeit und Raum unterwegs sind«, etwas *aussagen*.

Wir wissen mittlerweile, dass die 64 Hexagramme der jahrtausendealten Weisheitslehre des *I Ging** eine Parallele zu den 64 Codes unserer DNS aufweisen. Das Human Design System** ist ein Zeitsystem, von dem man glaubt, dass es einen »Umrechnungsschlüssel« gefunden hat, anhand dessen wir aus den Geburtsdaten einer Person mithilfe des *I Ging* und des Planetenabstandes exakt berechnen können, wie unser jeweiliges Körper-Energie-System aufgebaut ist. Das Human Design System bietet über die Errechnung eines persönlichen »Designs« hinaus noch zusätzlich einen Kalender an, der die Neutrinoströme zum jeweiligen Tageszeitpunkt aufzeigt und daraus Verhaltensempfehlungen ableitet.

Was mich an dieser Methode so fasziniert, ist nicht die Tatsache, dass man sie beweisen kann oder auch (noch) nicht. Mich faszinieren Ideen, die das Bewusstsein erweitern und uns so zur Entwicklung von mehr Gelassenheit anregen können.

Ich glaube, dass jenes noch relativ unbekannte Human Design System eine gute Chance für unsere Zukunft bietet, insbesondere wenn wir ein Leben in Gelassenheit und gegenseitigem Verstehen erstreben. Das Human Design System ist natürlich nur *eine* Möglichkeit, das Sein zu strukturieren, doch es könnte Ihnen dabei helfen, zu erkennen,

* Vgl. *I Ging. Das Buch der Wandlungen*, übersetzt von Richard Wilhelm, Wiesbaden 2004.

** Das Human Design System verbindet die traditionellen esoterischen Systeme Astrologie, *I Ging*, Chakrenlehre und *Kabbala* mit den neuen Wissenschaften Astronomie, Genetik, Biochemie und Quantenphysik (vgl. www.humandesignsystem.de).

- was Ihr »Typ« und Ihre Lebensstrategie ist,
- wie Sie Ihre Partnerschaft optimieren und
- wie Sie sich von elterlichen Konditionierungen zu befreien vermögen.

Wenn Sie z. B. wissen, dass es verschiedene Ihnen innewohnende Körper-Energie-Systeme, Chakren, gibt und dass Sie ein »Körpergefährt« benutzen, das möglicherweise ganz bestimmte Fähigkeiten hat, die sich von anderen »Vehikeln« unterscheiden, und dass Sie sich auf einzigartige Weise in die Zeit und in Beziehungen einbringen können, und wenn Sie darüber hinaus wissen, wie dies gehen könnte, dann wird dieses System für Sie von Vorteil sein, ob die Dinge nun beweisbar sind oder (noch) nicht.

Es ist ähnlich wie beim Biorhythmus: Wenn Sie wissen, dass es so etwas gibt, achten Sie wahrscheinlich von selbst darauf, wie sich Ihr Körper, Ihre Seele, Ihr Geist »anfühlen«, und berücksichtigen diese Aspekte bei Ihrer Tagesgestaltung. Außerdem leben Sie nach einem Gesetz der Harmonie, weil Sie sich Erholungs- und Aktivitätsphasen gönnen, was Ihrem Körper und Ihrer Seele ebenso gut tut wie Ihrem Geist. Wenn Sie so eingebettet diese Rhythmen nutzen, dann funktioniert der Biorhythmus auf jeden Fall für Sie, ob beweisbar oder nicht.

Zeitqualitäten zu erkennen und zu nutzen, bedeutet auch, Selbstbeobachtung zu pflegen und so zu einem gelasseneren Umgang mit sich selbst zu gelangen:

- Haben Sie beobachtet, dass es Zeiten gibt, in denen die Dinge »wie von selbst« laufen, und solche, in denen Ruhe angesagt ist?
- Haben Sie beobachtet, dass es Zeiten gibt, in denen Sie mehr in Ihrer körperlichen Leistungskraft, und solche, in denen Sie mehr in Ihrem Geist leben wollen?
- Haben Sie beobachtet, dass es Zeiten gibt, in denen Sie empfindlicher sind, und solche, in denen die Dinge wie an einer Ölschicht an Ihrer Oberfläche abgleiten?

Über eine Sensitivierung der Wahrnehmung von qualitativer Zeit lernen Sie, immer achtsamer und liebevoller mit sich und Ihren Mitmenschen umzugehen. Sie werden feinfühliger, gelassener und der jeweiligen Zeitqualität entsprechender. Sie werden zu einem lebenden Biorhythmus oder einem »lebenden Buch der Wandlungen«.

Indem wir das *I Ging* als Ordnungsstruktur einer Zeitmatrix nutzen, lernen wir dem Human Design System zufolge, uns gemäß unserer Geburtsprägung in der Zeit zu bewegen, unsere Stärken immer mehr zu erkennen und in die Zeit einzubringen, unsere Schwächen mehr und mehr zurückzustellen oder durch geeignete »Ergänzungspartner« abdecken zu lassen, die wir wiederum durch unsere Stärken schützen.

In Wahrheit ist Zeit nicht nur linear, sondern sie hat qualitative »Wellen«; und diese Wellen gilt es zu nutzen. Ein Tag kann dann einen Inhalt von, ich drücke es einmal in Energieeinheiten aus, 1000 Watt oder nur von

10 Watt haben, von 1000 Erfolgs- und Leistungseinheiten oder nur von 10. Das, was wir »lineare Zeit« nennen, ist wie gesagt von »Wellen« unterlegt, die unterschiedlich tief und hoch sind und die wir nutzen können. Je größer die Welle pro Einheit linearer Zeitentsprechung ist, umso mehr kann geleistet werden. Indem wir erkennen, dass Zeit wellenförmig verläuft, erlauben wir uns, in der Zeit zu surfen. Surfen bedeutet hier, auf den Wellen der Zeit zu reiten, den »Wind« zu erkennen, die »Segel« richtig zu stellen und zur rechten Zeit das Rechte zu tun.

Es ist, wie wenn es einem Surfer von Malibu Beach gelingt, mit den großen Wellen, die ihn vorwärts treiben, zu gleiten und so mit einem Mal viele Meter in einem Schwung vorwärts zu kommen, indem er sich auf sie einstellt, mit ihnen »schwingt«. Wenn ein Wellensog kommt, relaxt er, bis das nächste Wellenhoch erscheint.

Im Gegensatz zu den Kursen an der Frankfurter Börse und des Dow Jones, wo die »Wellen« immer noch unberechenbar sind, gibt es kosmische Zyklen, an die wir uns mit unserer Manifestation angleichen können, Frequenzen, in denen die Atome pulsen – bis hin zur Struktur der Zeit von Planeten und Sonnen.

Die Maya waren, so sagt man, Zeitreisende. Ihre Kalendersysteme waren derart ausgefeilt, dass sie aus der Zeitqualität einen Nutzen erhalten konnten, der alles, was wir aus unserer quantitativen Zeit herausbekommen können, in den Schatten stellt.

Es ist, als würde man die Möglichkeiten einer Kugelkopfschreibmaschine mit denen eines modernen PC vergleichen oder die Qualität einer Langspielplatte mit der einer modernen CD.

Das Ergebnis finden wir in einer Tagesqualitäten-Einstimmung und einem Selbstverständnis, das mit den zwanzig Aminosäuren und dreizehn Tönen der Obertonleiter in kosmischer Resonanz steht und sich über das Platonische Jahr* an kosmische Rhythmen anlehnt. Während die Pulsation von 60 Sekunden pro Minute in direkter Resonanz mit dem Erlösungsmythos des alten Babylonien steht (die Sechzig war damals zugleich eine Zahl wie auch der Name eines der seinerzeit höchsten Maya-Götter: Enki), bringt die Einstimmung qualitativer Zeit auf die dreizehn galaktischen Töne der Maya unser inneres Dornröschen zum Erwachen (die dreizehnte Fee wird integriert), und die Resonanzbeziehung zu den zwanzig galaktischen Sonnensiegeln der Maya bringt uns in Kontakt mit heilenden Archetypen. Durch persönliche Deutung des individuellen galaktischen Sonnensiegels und durch Tagesmotivation in Einklang mit den Affirmationen der täglichen *Zeit*-Pulsare der Maya kann ein Erwachen zu einer umfassenderen Matrix angeregt werden.**

* Das Platonische oder Große Jahr misst ca. 25 850 Jahre und ist auf die Präzession (= Bewegung der Erdachse um den Pol der Ekliptik) zurückzuführen.

** Informationen zum Maya-Kalender erhalten Sie in zahlreichen Publikationen, u.a. auch durch das Video »Geheimnisse des Maya-Kalenders« (erhältlich z.B. über www.sternentorverlag.de, Tel.: +49 8071 920698).

Ich bin ein Repräsentant der Quelle –
ein göttliches Darstellen.
Ich bin ein Gesandter des einen Lichtes –
ein Lichtwesen.
Ich bin ein Wesen von göttlicher
Struktur und Kodierung.
Ich bin ein Entwickeln von fünfdimensionaler
Göttlichkeit hier auf diesem Planeten Terra Gaia.
Ich bin ein göttliches Fließen
der *einen* Kraft in der Zeit.
Ich bin ein Wesen, das in Zeit und Raum agiert,
ein Zeitwesen.
Ich bin Bewusstsein,
das sich durch die Form ausdrückt.
Ich bin Wirken im Formenleben durch meinen
Ausdruck der Quelle.
Ich bin eine fühlende Wesenheit.
Ich bin ein Wesen,
ausgestattet mit emotionaler Bewusstheit.
Ich bin eine planetare Wesenheit.
Ich bin eins mit Terra Gaia und allem, was ist.
Ich bin eine Wesenheit,
durch die Transformation geschieht.
Ich bin eine Darstellung der göttlichen Souveränität.

Wer sich den Sinn unseres in höherdimensionale qualitative Zeitsysteme eingebetteten dreidimensionalen Spiels einmal aus tiefenpsychologischer Sicht anschauen möchte, findet geeignete Literatur im babylonischen Mythos *Der Weg zur Göttin der Tiefe* von Silvia Perera Brinton.* Durch unseren Abstieg in eine »gefallene Zeit« des Stresses und fehlender Qualität haben wir unsere innere »Göttin der Tiefe« befreit und heben sie nun wieder hinauf auf ihren Weltenthron.

Sri Aurobindo und viele Seher sagen, dass unser Wirken in der *Zeit* einem höheren Zweck dient. Der Christus selbst verheißt das Königreich Gottes jenseits des Nadelöhrs von Zeit und Raum als Ergebnis eines gelebten Lebens in einer Inkarnation als Mensch.

Durch individuell angepassten und souveränen Umgang mit Zeitsystemen können wir lernen, Zeitqualitäten zu nutzen und uns auf Zeitwellen und Zeitlebenspulsare einzustimmen, Leben aus einer erweiterten Dimension heraus zu verstehen, gegebenenfalls sinn- und gehaltvoller zu gestalten.

»Wem Zeit wie Ewigkeit
Und Ewigkeit wie Zeit,
Der ist befreit
Von allem Leid.«

Jakob Böhme

* Silvia Perera Brinton: *Der Weg zur Göttin der Tiefe. Die Erlösung der dunklen Schwester. Eine Initiation für Frauen*, München 1990.

»Wollen, ohne zu wollen«

Durch die Gegenwart Gottes in mir,
die *ich bin* und die durch mich wirkt als Ich,
mache ich mir die folgenden Worte bewusst:
»Durch die göttliche Gegenwart, die *ich bin*,
kann ich mich in Zeit und Raum erfüllen,
ohne den Prozess vorantreiben oder
unterdrücken zu müssen.
Ich fließe mit der Energie des Lebens und
lasse mich von ihr tragen,
und dafür bin ich dankbar.«

Jede Anstrengung bewirkt das Gegenteil. Jedes Mal, wenn wir etwas zwanghaft wollen, ist die Gefahr gegeben, dass wir uns in unser Wollen so sehr verbeißen, dass wir uns verkrampfen, dass unser »Negativ-Ego« auf den Plan tritt und wieder alles »kaputtmacht«.

Hierzu ein vermeintlich profanes Beispiel: Wir wollen unbedingt Elfriede kennen lernen. In der Tanzschule fordern wir sie zum Tanzen auf. Vor lauter Wollen aber bekommen wir einen roten Kopf, werden schüchtern, faseln dauernd belangloses Zeug und lassen nach dem

Tanzen eine sehr verdatterte Elfriede zurück. – Besser wäre Folgendes: Wir spüren erst einmal, ob es überhaupt angemessen ist, Elfriede jetzt zum Tanzen aufzufordern. Steht sie in unserer Nähe? Soll es so sein? Zieht uns die Energie hinüber zu ihr, oder sind es nur die Projektionen unseres Verstandes, die meinen, »es« jetzt machen zu müssen? Sollte uns die Energie dorthin ziehen, dann ist es wichtig, jede Eigenwilligkeit loszulassen, weder »pushen« wir uns selbst in diese Richtung, noch versuchen wir, die Erfüllung zu torpedieren. Wir nehmen dieses Erlebnis als Training, zum reinen Kanal zu werden, und tun, was durch uns getan werden möchte.

»Wollen, ohne zu wollen« (auf Chinesisch *wu-wei**), können wir überall dort üben, wo wir spüren, dass jede Form des gewaltsamen Eingriffs oder des Unterlassens uns in Disharmonie, Stress oder Frustration bringen würde. Lassen Sie doch einfach die Dinge »durch sich« geschehen; und indem Sie »wollen, ohne zu wollen«, gestatten Sie so Ihrem Unbewussten, mit dem Unbewussten in »allem, was ist«, zu kooperieren und die gewünschte Erfüllung herbeizuführen. So wie die »Atembeobachtung« uns gelehrt hat, den Atem weder voranzutreiben noch zu unterdrücken, lehrt uns das »Wollen, ohne zu wollen«, dass wir uns im Fluss des Lebens gelassen und stressfrei bewegen.

* Wörtlich übersetzt bedeutet *wu-wei* so viel wie »Nicht-Tun«. Damit gemeint ist ein »absichtsloses Handeln« (ein Begriff aus dem *Tao Te King* [vgl. z.B. Laotse: *Tao Te King*, übersetzt von Peter Kobbe, München 2003]), was die Haltung des Nichteingreifens in den natürlichen Lauf der Dinge umschreibt, welches sich frei von Absichten der jeweils aktuellen Situation anpasst.

IV. Gelebte Gelassenheit in der »Praxis«

Die Familie – unter Erwachsenen

Wir sehnen uns nach einer Familie – und gleichzeitig haben wir so unsere Schwierigkeiten mit ihr. Wir suchen dieses heimelige Gefühl, im Kreis der Vertrauten zu sein, und gleichzeitig bringt diese Nähe auch gewisse Probleme mit sich.

Während wir im Alltag Schwierigkeiten, die wir mit einem x-beliebigen Menschen haben, überspielen oder ihnen aus dem Weg gehen können, ist dies bei der Familie meist nicht möglich. Die Familienmitglieder kennen uns in der Regel in- und auswendig. Ihnen können wir meist nichts vormachen, zumindest nur wenig. Und sie konfrontieren uns ständig mit dem, der wir gestern waren, und dem, der wir morgen sein wollen. Während wir uns gegenüber Fremden, insbesondere wenn wir in einer anonymen Großstadt leben, stets »neu erfinden« können, sind wir innerhalb der Familie an das gebunden, was sie bereits von uns kennt. Quantensprünge sind hier erst einmal erschwert, weil die ganze Familie uns immer »mit den gleichen Augen sieht«, mit denen sie uns bereits gestern und vorgestern gesehen hat. Sie hat Erwartungen an uns und Forderungen.

Ich halte es für notwendig, mit der Familie regelmäßig Gespräche zu führen über den gegenwärtigen Stand der eigenen Entwicklung. Innerhalb eines Familienkreises sollte es möglich sein, sich mitzuteilen – wie wir uns fühlen, was uns stört und was uns glücklich macht. Wir sollten uns hier stets der »Ich-Botschaft« bedienen, also von dem ausgehen, wie *wir* uns fühlen, und den anderen nicht mit »Du-Botschaften« überhäufen, d.h. mit Projektionen darüber, was er bzw. sie unserer Meinung nach alles richtig oder falsch machen würde. Wenn Sie sich etwa über den täglichen Kleinkram ärgern, den Sie zu erledigen haben, sollten Sie dies z.B. so formulieren: »Ich bin sauer, weil ich jeden Tag die gleiche Arbeit machen muss«, statt etwa zu sagen: »Ihr alle seid mir zu langweilig, ich packe es nicht mehr mit euch, ihr geht mir auf die Nerven.« Während man in der ersten Form lediglich seine Empfindungen mitteilt, ohne jemandem Schuld dafür zuzuweisen, handelt es sich bei der zweiten Aussage um eine Projektion, die zwangsläufig in Streit enden muss.

Gelassenheit im Umgang mit der Familie bedeutet bei Erwachsenen, den Mut aufzubringen, sich fortlaufend mitzuteilen, die Reaktionen des anderen sein zu lassen, wie sie sind, und in dem Rahmen, den das Familienleben anbietet, auch sein eigenes Leben zu gestalten. Wie frei und gelassen man sich inmitten seiner Familie fühlt, entscheidet man selbst: Jeder hat das Recht, zu sein, wie er ist – Sie auch!

Mein Gedicht mit dem Titel »Die Liebe der Quantenspringer« drückt ein Ideal aus:

Menschsein in unerlöster Form heißt, Vorstellungen zu haben,
wie ich, wie du, wie alles sich gebärden sollte.
Leben sprengt all unsere beengenden Gedankenformen,
so wie ein keimender Same asphaltierte Straßen mühelos durchdringt.
Begegnen wir dem Menschen, Partner, Nachbarn, Freund,
o groß ist die Gefahr, dass wir sie passend uns zu machen suchen,
und uns in ihre Denkschubladen fügen,
aus Angst vor Unverstandensein uns ins Prokrustesbett legen.
Und doch wohnt jedem Treffen, jeder Beziehung inne tiefer Sinn, den Quantensprung hervorzubringen durch die Kraft der reinen Liebe.
Unterschiedlichkeiten sind auch Wegweiser in die eigene Tiefe,
die Vollständigsein erleben lässt im Ich und Du,
ein ungeteiltes »Ich habe dich gefunden, wie du bist, und liebe«.
Indem wir jenes fördern, kann eine andere Ebene uns berühren,
eine Chance, sich zu spüren, der Quantensprung, der ist:
Man erwartet nicht, sondern schenkt sich, wie man ist.

Wir haben Sehnsucht nach den himmlischen Geheimnissen,
das Wahre, Schöne, Gute ist kein Produkt einer Verbiegung.
Im anderen den freiheitserfüllten Tänzer seines Traums zu sehen, heißt einander lassen, wie man ist, und sich zu erinnern an eine Tiefe, die viel größer ist, als die Vorstellung es verheißt.
Einander zu befreien, ist der Auftrag liebender Beziehung,
eine Ausgangszelle, eine neue Art, einander zu gewähren.
Jeden in seinem eigenen Tanz zu fördern,
erlaubt ein tiefes Einssein mit dem All allein oder mit wem auch immer
in quellhafter Ursprünglichkeit, die *seine* Liebe fließen lässt.
Wohin die Reise geht, wer weiß es schon?
Wer liebt und offenbart, liegt niemals falsch,
Seelengeschwister sind wir hier auf Erden,
einander Förderer in menschlicher Gestalt.

Die Familie – Kinder

Ein Kind kann ein unglaublicher Segen sein. Ich habe z. B. eine junge Frau kennen gelernt, die permanent unzufrieden mit sich selbst und, obwohl ziemlich attraktiv, relativ einsam war. Eines Tages wurde sie schwanger, bekam ein Kind, was ihr sehr viel Stress bereitete. Der Vater entschied sich, nicht mit dieser Frau zusammenzuziehen, sondern an seinem Junggesellendasein festzuhalten. Obwohl diese Frau alle Schwierigkeiten hatte, dieses Kind in den ersten Lebensjahren großzuziehen, konnte ich erleben, wie sie unter den Anforderungen erblühte. Sie verjüngte sich, und sie bekam nicht nur mehr und mehr Angebote von attraktiven potenziellen Partnern, sondern auch ihre geistige und seelische Entwicklung nahm gewaltige Fortschritte an.

»Ein Kind ist eine ungeheure Herausforderung,
unser Bestes zu geben.
Ein Kind ist eine ungeheure Herausforderung,
Liebe zu entwickeln.
Ein Kind ist eine ungeheure Herausforderung,
an unsere Grenzen zu gehen.
Und ein Kind ist eine ungeheure Herausforderung,
unser eigenes »inneres Kind«
wiederzuentdecken und zu lernen,
dass wir die Welt wieder mit den
unschuldigen Augen eines Kindes sehen.«

Klaus Jürgen Becker

Gelassenheit gegenüber Kindern zu entwickeln, ist nicht leicht, da sie uns vor allem in ihren ersten Jahren von morgens bis abends in Atem halten können. Im Gegensatz zu der Welt der Erwachsenen, die auf Perfektion und Zielerreichung abgestimmt ist, erleben wir in der

Welt der Kinder auch Zerstörung. Ein Kind fällt hin, es macht etwas kaputt, es zerkaut unsere wichtigen Briefe … die Reihe ließe sich endlos fortsetzen.

Wenn Sie z. B. Ihre Wohnung kostspielig eingerichtet haben und Ihr etwa drei- bis vierjähriges Kind regelmäßig alles auf den Kopf stellt, können Sie ein Holzgitter an der Kinderzimmertür anbringen, sodass das Kleine sich im Allgemeinen nur in seinem Refugium bewegen kann. Diese Lösung ist zwar praktisch, wird aber von vielen modernen Psychologen abgelehnt, weil das Kind dadurch neurotisch werden könnte. – Oder Sie sehen in alledem eine Herausforderung, Ihre eigene Vorstellung von Ordnung ein wenig flexibler zu gestalten. Vielleicht ärgert Sie das Chaos, das Ihr Kind anrichtet, ja auch deshalb so stark, weil Sie es sich selbst nicht erlauben, weil in Ihrer Welt immer alles seinen festgefügten Platz haben muss?

Das Kind ist eigentlich ein optimaler Trainer für Ihre Entwicklung der Flexibilität; und dafür sollten Sie dankbar sein. Sie werden weiterhin eine gewisse Ordnung halten, wichtige Dinge im Schrank verschließen, aber Sie werden sich nicht an jedem Fusselchen stören. Vielleicht bringt Sie Ihr Kind auf diese Weise auch dazu, flexibler mit sich selbst und toleranter gegenüber dem Chaos in Ihren Mitmenschen umzugehen, möglicherweise sogar dazu, über Ihren »fanatischen« Ordnungssinn zu lachen …

»Ein Kind, ob ein eigenes oder fremdes,
ist der beste Nerventrainer der Welt.
Kann ich inmitten von Kindern die Nerven behalten,
habe ich Nerven wie Drahtseile entwickelt.
Und dafür kann ich dankbar sein!«

Klaus Jürgen Becker

Wenn wir die Geduld aufbringen, auch das zwanzigste Mal den Fleck auf dem Fußboden wegzuwischen, den das Kind beim Verschütten seiner Ovomaltine erzeugt, lernen wir Demut und Dienstbereitschaft. Und wir lernen vielleicht, dass es gar nicht auf das eigentliche Ziel ankommt, sondern auf den Weg.

Ein Kind ist eine große emotionale Herausforderung für uns. Wenn ein Kind unsere Aufgabe ist, dann ist unser Weg, viel über Emotionen zu lernen. Natürlich gibt es hier Unterschiede. Es gibt ruhige und lebhafte Kinder, zornige und lächelnde »Engel« – und es gibt »emotionale Kinder« von sechs, sechzehn und sechzig Jahren …

Die Welt eines Kleinkindes besteht aus Emotionen. Es ist nicht so sehr an der Sicherung der Rentenversicherungsansprüche im Jahre 2026 interessiert, es lebt in Emotionen, und zwar immer »jetzt«. Es kennt kein Gestern und kein Morgen. Es ist auf einmal himmelhoch jauchzend und dann wieder zu Tode betrübt.

Die adäquate emotionale Einstellung für den Umgang mit Kindern finden Sie, wenn Sie sich selbst (wieder) in den Kosmos eines Kindes hineinversetzen und die Welt (wieder) mit den Augen eines Kindes sehen lernen. Erleben Sie das Kind als eine wunderbare Möglichkeit, selbst wieder die ganze Bandbreite von Emotionen am eigenen Körper zu erfahren und zu lernen, wie Sie dabei die eigene Mitte finden und mit den ständig neuen Augen eines Kindes, aber der Zentriertheit eines Erwachsenen, staunend die Welt betrachten, denn:

> »Wahrlich, ich sage euch: Wenn ihr nicht umkehret und werdet wie die Kinder, so werdet ihr nicht ins Himmelreich kommen.«*

Die Emotionen eines Kindes »nerven« uns dann besonders, wenn wir diese Emotionen selbst verdrängt haben. Indem wir unser Kind als unseren »Emotionaltrainer« anerkennen, können wir die Emotionen des Kindes in Mitgefühl wahrnehmen und dann loslassen. Wir können dem Kind das Recht einräumen, all diese Gefühle zu haben, sodass es sie nicht verdrängen und dann eines Tages zum Psychiater tragen muss, gleichzeitig aber neutralisierend einwirken. Wenn wir wissen, dass ein Kind Wut, Trauer, Freude hat und dass dies eben seine Lebendigkeit ausmacht, können wir ein optimaler emotionaler Begleiter für das Kind sein.

Ihr Kind kann z. B. ständig in »extremen« Emotionen

* Matth. 18, 3.

sein, von Lachen bis Schreien, mal fällt es hin, mal rührt es voller Begeisterung mit Ihrer Haarbürste in der Kartoffelsuppe herum, oder es hört dreißigmal hintereinander die gleiche Märchen-CD. Eine bequeme Lösung wäre es, das Kind den ganzen Tag vor den Fernsehapparat zu setzen, wo es vielleicht auch bliebe – doch damit würde es von morgens bis abends der Fremdbeeinflussung ausgesetzt. Richtiger ist es, die Emotionen des Kindes bewusst auch in sich selbst wahrzunehmen, nur ganz kurz, und dann die Emotion wieder loszulassen und in die eigene Mitte zu gehen.

Der Emotionalkörper eines Kindes ist noch sehr unbalanciert, was sich in seinen heftigen emotionalen Schwankungen zeigt. Indem wir dem Kind ein möglichst guter emotionaler Begleiter sind, helfen wir ihm, zu verhindern, dass sein Emotionalkörper »einschnappt«. Mit zunehmender Lebenserfahrung kann der Emotionalkörper des Kindes im Idealfall dann durch optimale Fürsorge (Caring) ausgeglichen werden, das Kind kann sich als Erwachsener später tiefe Gefühle erlauben, weil es weder von den oberflächlichen Emotionen gebeutelt wird noch irgendetwas verdrängen muss.

Was aber kann *uns* gegen die Sorgen helfen, die wir uns wegen der Kinder machen, ob es eigene oder fremde sind? Die Kinder selbst machen sich ja nur selten Sorgen über ihre Zukunft – wer sich unter Umständen den Kopf zerbricht, das sind ja wir. Wir fragen uns etwa: »Was soll aus dem Kind nur werden?«, »Gehe ich richtig mit ihm um?«, »Wie soll der Krach meines Kindes mit einem Klassenkameraden behoben werden?«, »Wird mein Kind jemals wirklich glücklich werden?« o. dgl. Es gibt unzählige Gründe, sich Sorgen zu machen: eine Krankheit oder körperliche Entstellung, das Nichterreichen eines Schulabschlusses, Drogen- oder Alkoholsucht, schlechter Umgang u. v. a. m.

Ich glaube, dass es in den meisten Fällen natürlich ist, wenn man sich an die eigene Nase fasst und sich fragt, ob man etwas »falsch« gemacht hat. Man wird möglicherweise seine eigene Vergangenheit und die des Kindes in Gedanken durchgehen. In den allermeisten Fällen wird man feststellen, dass man in jeder Situation der Vergangenheit sein Bestes gegeben hat, gemessen am damaligen Erkenntnisstand und gemessen an den seinerzeitigen Möglichkeiten. Auch sollten wir einen Schicksalsschlag, sei es eine Krankheit oder sonst etwas von außen Kommendes, nicht als Anlass nehmen, mit unserem Schicksal zu hadern.

Auch bei der Sorge gibt es eine zweite Seite der Medaille, nämlich die »Für-sorge«. Vielleicht erkennen wir hier an diesem kleinen Unterschied des Wortes die »richtige« und die »falsche« Haltung, die wir gegenüber den Gedanken einnehmen sollten, welche wir uns in Zusammenhang mit unseren Kindern machen. Fürsorge ist wie die Haltung eines Gärtners, der stets sein Bestes gibt, um seinem Garten die richtige Pflege zukommen zu lassen. Er hat keinen Einfluss darauf, ob es ein Unwetter oder Hagelschlag geben wird. Er tut aus seiner Haltung heraus das Beste und überlässt den Rest einer höheren Kraft.

»Eure Kinder sind nicht eure Kinder.
Sie sind die Söhne und Töchter der Sehnsucht
des Lebens nach sich selbst.
Sie kommen durch euch, aber nicht von euch.
Und wenngleich sie bei euch sind,
gehören sie euch doch nicht.
Ihr dürft ihnen eure Liebe geben,
doch nicht eure Gedanken,
denn sie haben ihre eigenen.
Ihr dürft ihrem Körper eine Wohnstatt geben,
doch nicht ihren Seelen,
denn diese wohnen im Haus von morgen,
das ihr nicht aufsuchen könnt,
nicht einmal in euren Träumen.«

Khalil Gibran

Wenn wir möchten, können wir auch regelmäßig das folgende Gebet sprechen:

»Himmlischer Vater,
der du bist in mir und der *ich bin* in dir:
Ich danke, dass *ich bin* und dass ich sein darf.
Ich danke dir für dieses Leben, das mir geschenkt wurde,
und für das Leben dieses Kindes, das mir anvertraut ist.
Ich danke dir für all das, was mir geschehen ist,

und für all die Erkenntnisse, die ich daraus gewinnen durfte.
Ich danke dir dafür, dass auch die schweren Situationen meines Lebens mir zum Erkennen verholfen und zur Entwicklung beigetragen haben.
Ich danke dir für dieses Vertrauen, das du in mich hast,
durch dieses Kind, das du in meine und deine Obhut gelegt hast.
Ich habe tiefstes Vertrauen in das Göttliche, das auch in jenem Kinde wohnt,
und in das Wissen, dass du auch durch jenes Wesen wirkst, das du bist.
Ich weiß, dass du auch durch dieses Wesen handelst nach einem großen Plane, den wir oftmals so wenig verstehen.
Gib mir Frieden und Gewissheit, dass bei allen Schwierigkeiten und Problemen stets das Richtige durch dich geschieht,
für *dein* Kind, das als mein Kind in meiner/deiner Obhut liegt.«

Der Beruf

Unser Beruf sollte unsere Berufung sein, zumindest finden wir in dem Begriff »Beruf« ebenjenen Wortbestandteil des »Rufens«. Wenn wir uns fragen, »wer oder was da ruft«, dann sollte es doch wohl unser innerstes Selbst sein, an dem wir uns orientieren, und nicht der »Ruf« irgendeiner Erziehung oder Konditionierung.

Wir leben insoweit in einer besseren Zeit denn je, als wir heute theoretisch mehr Möglichkeiten der Berufswahl haben als noch vor etwa, sagen wir, hundert Jahren. Die berufliche Betätigung war früher immer sehr festgelegt. War der Vater Maurer, wurde der Sohn in aller Regel auch Maurer, war der Vater Tischler, wurde der Sohn meist automatisch Tischler. Mit den neuen Wahlmöglichkeiten entstand aber zugleich auch die »Qual der Wahl«, ebenjene Unsicherheit hinsichtlich dessen, welche Berufswahl die richtige für einen ist. Psychologische Eignungstests können immer nur einen Augenblickszustand der seelischen Verfassung wiedergeben und präsentieren nur selten ein zuverlässiges Bild, das nachhaltig gültig ist.

Viele Menschen wollen vor allem Geld verdienen, ihnen kommt es nicht so sehr auf einen »Ruf« an – einmal abgesehen davon, dass einem unter schlechten Arbeitsmarktbedingungen oftmals gar keine andere Wahl zu bleiben scheint, als einen bestimmten Job anzunehmen. Nun ist es aber so, dass, wenn das Geldverdienen das alleinige Motiv eines Berufes ist, wir ebendiesen Beruf »entehren«. Wir bringen dann nicht den nötigen Sinnzusammenhang in unser tägliches Tun, auch nicht die notwendige unternehmerische Verantwortung, die wir sowohl als Angestellter, Arbeiter wie auch als Selbstständiger brauchen.

Nur wenn wir das, was wir tun, in einen Sinnzusammenhang bringen können mit etwas Größerem, was uns persönlich berührt und was uns wichtiger ist als Geldverdienen, erscheint uns unser Beruf sinnvoll, denn:

»Arbeit ist sichtbar gewordene Liebe.«*

Eine sinnlose Berufsausübung allein des Geldes wegen schafft unter Umständen ein Suchtverhalten, das sich dann in der Freizeitgestaltung ausdrückt (Alkoholismus, Problem der Sinnlosigkeit, allgemeines Unbefriedigtsein usw.). Dies schlägt sich wiederum negativ auf unsere Beziehungen und Partnerschaften nieder, eine Kette, die kein Ende hat.

Was wir tun, sollte also für uns einen Sinn machen. Ob wir Straßenarbeiter oder Blumenverkäufer sind, der Beruf sollte uns etwas bedeuten.

Alles, was wir im Außen tun, prägt uns auch im Inneren. In jedem Beruf können wir einen Sinnzusammenhang entdecken und Freude an dem entwickeln, was wir tun. Wenn wir beispielsweise Straßenarbeiter sind, dann können wir die Sache so sehen, dass wir nicht nur nützliche »Verbindungswege« zwischen Menschen schaffen, sondern auch aus den Unebenheiten unseres Lebensweges eine breite und beschauliche Straße bauen, die uns zu einem Ziel führt. Wir können dergestalt alles, was wir tun, etwas Größerem weihen. Wenn wir beispielsweise Blumenverkäufer sind, dann können wir uns vorstellen, dass wir die Blumen unserer Seele hegen und pflegen, dass wir etwas in uns (und anderen) zum Erblühen bringen.

* Khalil Gibran: *Der Prophet. Im Garten des Propheten*, München 2005 (»Über die Arbeit«).

»Oft hörte ich euch sagen,
als sprächet ihr im Schlaf: ›Derjenige,
der mit Marmor arbeitet und im Stein
die Form seiner eigenen Seele findet,
ist edler als der, der das Erdreich pflügt.
Und der den Regenbogen ergreift,
um ihn als Abbild des Menschen
auf die Leinwand zu bannen,
ist bedeutender als der,
der die Sandalen für unsere Füße herstellt.‹
Doch ich sage, nicht im Schlaf,
sondern hellwach wie in der Mittagszeit,
dass der Wind zu den riesigen Eichen nicht
süßer spricht als zum geringsten Grashalm.
Und nur der ist groß,
der die Stimme des Windes in ein Lied verwandelt,
das durch seine Liebe noch größer wird.«

Khalil Gibran

Es ist ein Irrtum, zu glauben, wenn man eine Aufgabe nur mit halber Kraft ausführt, hätte man Energie gespart: Wer sich im Beruf nur mäßig engagiert, führt meist auch ein laues Privatleben. Besser sollten wir das, was wir tun, voll und ganz tun. Wenn wir etwas voll präsent und mit Inbrunst tun, dann verfliegt die Zeit, wie auch wir uns »beflügelt« fühlen. Tun wir eine Sache halbherzig, dann ziehen sich die Minuten zäh dahin.

Es gibt in Wahrheit keinen bedeutenden und keinen unbedeutenden Beruf. Es gibt nur die Möglichkeit, das, was wir tun, »groß« oder eben »klein« zu erfüllen.

> »An ihren Früchten sollt ihr sie erkennen.«
>
> *Matth. 7, 16 und 20*

Können wir am Ende eines Arbeitstages sagen, dass wir vor uns selbst bestanden haben, dann ist es mehr oder weniger gleichgültig, wie die äußeren Erfolge gemessen an der Konkurrenz aussehen, wir werden sie als Beispiel nehmen, um zu schauen, ob wir profitabel arbeiten, aber für unseren Selbstwert brauchen wir sie nicht. Diese Einsicht kann uns eine gelassenere Haltung gegenüber den Stürmen und Flauten der Außenwelt geben.

Was ist jetzt mit jenen, die derzeit arbeitslos sind und keinen Job finden? Nun, ich denke erst einmal, dass »arbeitslos« ein ziemlich negativ besetzter Begriff ist, auch wenn ich hier keine Alternativformulierungen anbieten will. Ich glaube, dass die Zeit, in der man nicht am Erwerbsleben teilnimmt, sich dennoch sinnerfüllt nutzen lässt. Möglicherweise soll diese Periode eine Zeit der Verinnerlichung und Rückbesinnung sein, aus der heraus man dann gestärkt und ausbalancierter – und vielleicht auch gelassener – wieder am Erwerbsleben teilnehmen kann.

In Thailand ist es möglich, dass ein Angestellter einmal in seinem Leben ein Jahr lang als Mönch lebt, um hernach in gleicher Position wieder eingestellt zu werden. Solch eine Idee halte ich für interessant und beachtenswert. Überhaupt finde ich, dass in unseren Landen das Exerzitium viel zu wenig als Zeit der inneren Stärkung und Instrument zu einer gelasseneren Geisteshaltung genutzt wird – statt zum »Ballermann 6« zu fahren, könnte man ja auch im Urlaub den Frieden und die Kraft in sich selbst suchen, wenn man nicht schon von Beruf Meditationslehrer ist…

Ich denke, dass wir mit einer Veränderung unseres Gesellschaftssystems immer mehr Arbeitende brauchen, deren Arbeit ein Ausdruck inneren Friedens, innerer Kreativität und innerer Gelassenheit ist.

Ein weit verbreitetes Problem am Arbeitsplatz ist Neid und damit einhergehend ein Intrigenspiel unter Kollegen oder Konkurrenten. Dies ist in den meisten Fällen nicht nur völlig unnötig, sondern auch kontraproduktiv. Die Menschen sind verschieden. Wenn wir unseren Platz optimal ausfüllen, und irgendjemand ist neidisch, weil wir etwas besser tun als er, dann sollte er die Courage haben, uns zu fragen, wie wir das hinkriegen, und lernen, es ebenfalls besser zu machen. Wir sollten Hand in Hand arbeiten, statt in ständiger Angst voreinander die Zeit mit Intrigenspielen zu verplempern.

Unter Kollegen müsste viel mehr wahrhaftige und echte Kommunikation betrieben werden. Und es müssten mehr Möglichkeiten geschaffen werden, sich zwischendurch »wieder aufzuladen«. Dazu gehört ein Entspannungsraum, in dem sich der Angestellte oder Arbeiter für 10 Minuten hinlegen kann, ebenso dazu wie ein monatliches Kreativtraining, das Muster und Blockaden behandelt, die uns daran hindern, uns in unserem Arbeitsleben selbst zu erfüllen. In Japan ist es z.B. vielfach üblich, dass einige Minuten der Arbeitszeit der Meditation gewidmet werden.

Bezüglich der Arbeitszeitgestaltung glaube ich, dass wir alle einen eigenen Rhythmus der Kreativität haben, den wir meist viel zu wenig leben können. Wenn wir uns selbst verpflichten, in unserer täglichen Arbeit unser Bestes zu geben, können wir durch gleitende Arbeitszeit und durch flexible Wahl der Pausen uns immer mehr in das Gesamtunternehmen einbringen.

So wie ein menschlicher Körper Phasen hat, in denen er viel oder wenig zu tun hat, diese oder jene Prozesse zu durchlaufen sind, so hat auch ein »Unternehmenskörper« solche Phasen, die man nutzen könnte.

Eine Bewältigung der Arbeitsleistung zu Hause statt in der Firma halte ich in vielen Fällen für nicht sinnvoll, da wir ja auch eine gewisse Gruppendynamik brauchen. Wenn wir lernen, mit dem Unternehmen zu denken, für das wir arbeiten, und unsere Arbeit als sinnerfüllendes Potenzial anerkennen, dann könnte dies dazu beitragen, unser Leben mit Gelassenheit und Sinnhaftigkeit zu erfüllen.

Die Gesellschaft bzw. Zivilisation

Hinter unserem Wirken in der Gesellschaft steht das Bedürfnis, anerkannter Teil einer Gemeinschaft zu sein. Denn der Mensch ist ein soziales Wesen. Das Kollektiv hat jedoch Spielregeln, Verhaltensnormen und Vorstellungen. Wir leben in einer Gesellschaft, die Erwartungen an uns hat, und sie gibt uns Beispiele dafür, wie wir uns verhalten sollen, um »ehrbare Mitglieder« zu werden.

Wenn wir uns nicht um gesellschaftliche Anforderungen scheren und uns wie ein »Aussteiger« verhalten, wird es so sein, dass wir uns die Vorteile eines gemeinschaftlichen Lebens mehr oder weniger verscherzen. Erfüllen wir andererseits jedoch unreflektiert all die Ansprüche, die die Gesellschaft an uns stellt, dann laufen wir im Extremfall Gefahr, dass wir gar nicht mehr unser Leben führen, sondern schablonenhaft und ohne tieferen Sinn das tun, was der Norm entspricht.

Ein großer Teil unserer gesellschaftlichen Spielregeln ist auf Illusionen aufgebaut, und vieles in dem ganzen Gefüge scheint fragwürdig. Wir versuchen, in diesem Spiel zu gewinnen, und machen uns so im Verhalten mehr oder weniger von den jeweiligen gesellschaftlichen Spielregeln abhängig. Unser gegenwärtiges System ist z. B. stark auf Etiketten fixiert: auf Titel, auf Positionen etc. Und diese Etiketten erscheinen uns als erstrebenswert – wir versuchen dann, die vermeintlichen

Anforderungen zu erfüllen, und können so dazu beitragen, eine Welt der Illusionen zu bestätigen.

Wir sind konditioniert: Wir haben gelernt, was als »schön« gilt und was »in« ist, was »man tut« und was »man nicht tut«. Und wir sind strebsame Menschen. Wenn wir versuchen, uns gesellschaftskonform zu entwickeln, besteht im negativen Falle die Gefahr, dass wir ein künstliches Leben führen. Wir haben in unserem Machbarkeitswahn längst begonnen, die Gene zu manipulieren, und würden am liebsten die Eier legende Wollmilchsau züchten. Dabei kann es uns geschehen, dass wir im Extremfall selbst zu einem solchen funktionierenden Wesen degradieren – nach dem Motto »Funktioniere – konsumiere – krepiere«. Der Gedanke, dass wir derartige gesellschaftliche Anforderungen nicht erfüllen könnten, lässt verständlicherweise alles andere als Gelassenheit in unserem Inneren aufkommen.

Bei aller Kritik an diesen gesellschaftlichen Aspekten muss man auf der anderen Seite anerkennen, dass unsere Zivilisation eine potenzielle Integration fertig gebracht hat, die bisher einmalig ist. Die weltweite Kommunikation und die Möglichkeit, schnell zu allen Plätzen dieser Erde zu reisen, können uns beispielsweise auch darauf hoffen lassen, dass wir eines Tages in der Lage sein werden, weitgehend ohne gegenseitige Vorurteile friedlich in einer »Weltgesellschaft« zu leben.

Und absolut sicher ist wie gesagt, dass wir als »soziale Wesen« eine kollektive Einbindung suchen und auch brauchen.

In die Errungenschaften der modernen Gesellschaft müssen wir jetzt Tiefe, Authentizität und Souveränität hereinbringen. Die Gesellschaft kann uns befreien und wir sie, wenn wir dazu bereit sind und die Umstände es zulassen. Wir können uns unabhängig von unserem kollektiven Ausdruck der individuellen Einheit und unseres gemeinsamen Ursprungs erinnern.

Wir brauchen eine Bezugnahme, die wir nicht in den schablonenhaften Verhaltensmustern, sondern vielmehr in der individuellen Selbstfindung und dem individuellen Selbstausdruck sehen. Der Einzelne muss in seiner Selbsterforschung (»Wer bin ich und wie bin ich gemeint?«), in der Selbsterkenntnis und dem Selbstausdruck der eigenen Kreativität gefördert werden – zum Segen des Betreffenden *und* des Kollektivs.

Ein Mensch, der meditiert, ein Mensch, der betet, ein Mensch, der danach trachtet, sich als Ausdruck von etwas Größerem einzubringen, ein Mensch, der sich harmonisch und in Bezugnahme auf *qualitative* Zeit ausdrückt, trägt in seiner Autonomie und Gelassenheit mehr zum Kollektiv bei als tausend mit Lametta behängte und ordensmotivierte Weihnachtsmänner ...

Gelassenheit im Umgang mit der Gesellschaft bzw. gesellschaftlichen Normen und gegenüber der modernen Zivilisation bedeutet also, jene erst einmal zu nehmen, wie sie sind, und gleichzeitig sich selbst die Treue zu halten. Es bedeutet auch, in Einklang mit dem kollektiven Prozess an der einen oder anderen überholten Norm zu kratzen oder auch gewaltig zu rütteln.

»Wenn einer einen guten Traum träumt,
bleibt es ein Traum;
wenn viele träumen, wird es Wirklichkeit.«

Klaus Jürgen Becker

Der Sport

Der Sport kann uns vieles lehren. Er vermag uns zu zeigen, wie wir den »Herausforderungen« des Lebens spielerisch begegnen können. Die sportliche Herausforderung kann sein, dass wir uns selbst treu bleiben, nicht »schummeln«, uns selbst spüren und bei aller Anstrengung in Harmonie bleiben.

Wenn wir Tennis spielen, dann ist es natürlich eine Herausforderung für uns, den Satz zu gewinnen. Doch wenn wir uns darin verbeißen, verlieren wir die Freude am Spiel. Indem wir uns aber aus Freude am Spiel vornehmlich darauf konzentrieren, uns darin üben, dass wir die Schlagbewegungen harmonisch gestalten, den Stress wegatmen und den Ball im Spiel halten, dann wird unser Spiel dadurch gelassener. Wenn wir Golf spielen, dann kommt es vielleicht nicht nur auf das »Einlochen« an, sondern auch darauf, die Atmosphäre, das Ambiente zu genießen, die frische Luft usw. Wenn wir schwimmen, können wir spüren, wie der Körper sich im Wasser anfühlt, wie Wasser und Körper in eine wunderbare Symbiose miteinander gehen.

weder zu laut oder zu verstopft oder zu kurvig oder zu eintönig – was können wir tun?

Am Straßenverkehr teilzunehmen heißt, auf dem Weg zu sein. Aus unserer Sicht der Beschaffenheit des Weges und der Verhaltensweise anderer Verkehrsteilnehmer können wir sehr viel über uns selbst lernen. Ein Stau ändert sich nicht durch unsere Gemütsverfassung; ihm wird es so ziemlich gleichgültig sein, ob wir ihn für eine »Stauparty« nutzen oder vor Wut ins Lenkrad beißen könnten... Also, wenn unser Weg »verstopft« ist, kann dies eine Möglichkeit sein, einmal wahrzunehmen, wie wir uns inmitten der Blockaden des Lebens verhalten.

Bedenken wir zunächst: Kein Stau währt ewig, obwohl viele eben erheblich länger dauern, als uns lieb ist.

Geraten wir auch in unserem sonstigen täglichen Leben sehr oft »außer uns«, weil sich in uns oder in unserem Umfeld die Dinge »stauen«? Was ist in uns blockiert? Emotionen, Ärger, Frust – ein Stau kann ein hervorragender Anlass sein, einmal in Erfahrung zu bringen, was sich in unserem Inneren nicht im Fluss befindet, denn ebendas wird sich nach dem Gesetz der Entsprechung schön und brav in ebensolchen Situationen zeigen. Wir können Emotionen erspüren und auch unsere Vorstellungen.

Wenn wir den Stau als Selbsterfahrung betrachten, dann ist er eine hervorragende Möglichkeit, die eigene Psyche zu ergründen. Das muss jetzt nicht so weit gehen, dass wir samstags nachmittags den Verkehrsfunk einschalten, um uns den nächsten Stau auszusuchen – obwohl, billiger als eine Encountergruppe wäre das selbst bei den heutigen Spritpreisen allemal …

Gelassenheit im Umgang mit dem Straßenverkehr bedeutet, jede Situation, die während einer Autofahrt auf Sie zukommt, als Impuls zu nutzen, um in Ihre Mitte zu gehen, auf einen Punkt zu schauen, den Atem zu beobachten und entspannt Ihre Fahrt, wenn auch verzögert, fortzusetzen.

Falls jemand mit Ihnen »Mensch, ärgere dich nicht« zu spielen scheint, Ihnen z. B. die Vorfahrt nimmt, und die gefährliche Situation dennoch glimpflich ausgegangen ist, können Sie diesen Menschen als Ihren »persönlichen Gelassenheitstrainer« ansehen – was natürlich kein Freibrief für solche Rowdys sein soll. Denn gelassen zu leben, schließt keineswegs aus, aufzupassen und sich ständig auf neue Situationen einzustellen.

Der Urlaub

Eigentlich fährt man ja in Urlaub, um sich zu erholen; doch manchmal ist man am Ende des Urlaubs erst so richtig urlaubsreif …

Wir Deutschen haben nicht nur das Hofbräuhaus nach Tokio, Las Vegas und Bangkok exportiert, uns sagt man auch nach, dass wir das Wort »Urlaubsstress« erfunden haben. Was wäre ein Urlaub ohne Plackerei, da hat man ihn sich, scheint's, ja gar nicht richtig verdient? Also, wie sorgt man für Urlaubsstress? Nicht selten entspricht die Realität einer Parodie: Man fährt zunächst einmal zum Reisebüro und zerrauft sich die Haare bei der Entscheidungsfindung, wohin die Reise eigentlich gehen soll. Nach viel Gezeter und Mordio einigt man sich möglicherweise auf das Ziel, das einem schon das letzte Mal nicht wirklich gefallen hat. Dann kauft man Sonnenschutzmittel und Durchfalltabletten ein, packt die Koffer, schläft drei Nächte vor der Abfahrt oder dem Abflug vor Aufregung kaum – schließlich aber geht es los.

Die räumlichen Gegebenheiten am Urlaubsort sind wohl wie gehabt bzw. im Prospekt beschrieben. Gar nicht so selten kann sich aber auch folgendes Szenario darbieten: Der Nachbar vom Zimmer nebenan ist betrunken und tut dies auch lautstark kund, nachts wird vor der Ferienwohnung herumgepöbelt, oder am nächsten Morgen ist man selbst verkatert, weil man am ersten Urlaubstag zu tief ins Glas geschaut hat. Es ist entweder zu heiß oder zu bewölkt, die Leute sind zu langweilig oder zu aufdringlich. – Letztendlich wäre man lieber zu Hause, muss aber noch einige Tage ausharren – oder sollen die Nachbarn etwa denken, es hätte einem nicht gefallen…?

Was immer wir sind und welche Laune wir auch immer haben, wir nehmen stets *uns selbst* mit. Und: Am Urlaubsort lernt man sich wie auch seine »Stallgefährten« besser kennen als zu Hause, wo jeder seine Nischen hat bzw. sich hinter seiner Rolle verstecken kann. Wir haben auch hier die Chance, Gelassenheit zu entwickeln, indem wir erkennen, dass wir uns all den Urlaubsstress im Grunde selbst bereiten und dass es uns nicht das Leben kostet, wenn wir z. B. den Berg Fuji nicht richtig belichtet haben oder den Meiers eben nicht sagen können, wie es im heiligen Bezirk von Delphi wirklich aussieht.

Wenn wir alles, was uns begegnet, seien es zu dünne Wände im Hotel, sei es der laute Straßenverkehr, das vermeintlich schlechte Wetter oder der unhöfliche Ober, als unsere »Gelassenheitstrainer« ansehen, kann unser Urlaub trotz allem eine wirkliche Erholung werden. Machen wir da, wo es angemessen ist, von unserem Recht auf Reklamation Gebrauch. Aber seien wir im Grunde dankbar dafür, dass wir uns einen Urlaub leisten können; er gehört in der Regel schließlich zu den kostbarsten Wochen des Jahres.

Gelassenheit im Urlaub bedeutet, die veränderten Umstände so anzunehmen, wie sie sind, sie im Laufe der Urlaubswochen genießen zu lernen und vielleicht sogar dieses Urlaubsgefühl als veränderte Einstellung mit nach Hause zu nehmen zu einem »Urlaub für immer«, der für Zeitgenossen aus unseren Breitengraden ja bekanntlich nicht etwa in der Karibik, sondern im Herzen stattfindet!

Alles ist, wie es ist

Das Leben hat seine eigene Art, uns zu lehren, zumindest können wir es als große Schule auffassen. Es wird letztlich wohl immer ein Geheimnis bleiben, warum z. B. der eine ein Leben wie Krösus und ein anderer eines wie Hiob führen kann bzw. muss – oder sich dafür entscheidet. Die Schöpfungsgeheimnisse sind zu komplex, als dass wir sie mit unserem rationalen Verstand zu begreifen vermögen. Ich glaube aber, dass die wichtigste und richtigste Einstellung, die wir zum Leben gewinnen können, ebenjene ist, dass wir in jedem Augenblick »unser Bestes« geben, uns selbst. Mehr als »unser Bestes« können wir ohnehin nicht geben; und wenn »unser Bestes« einmal nicht ausreicht, dann ist es eben so, und wir versuchen es ein weiteres Mal – oder etwas anderes.

In unserer Fixiertheit neigen wir allerdings oft dazu, uns gar nicht darauf zu konzentrieren, unser Bestes zu geben, sondern auf Biegen und Brechen das Ziel bzw. das, was wir für unser Ziel halten, erreichen zu wollen bzw. zu müssen.

Ich glaube aber, dass nur die Weisheit des Lebens weiß, wohin unsere Reise geht, und dass wir retrospektiv einen Sinn in all dem Erwarteten und Unerwarteten, was uns widerfahren ist, in all unseren »Siegen und Niederlagen« erkennen können. Der Blick zurück erscheint so manchmal wie der Blick »hinter den Schleier«, den wir zuweilen erhaschen dürfen.

Gelassen durchs Leben zu gehen, bedeutet also, dass wir erst einmal alles, was ist, so akzeptieren, wie es eben ist. Das, was wir vorfinden, seien es Charaktereigenschaften eines Menschen, Arbeitsbedingungen, Familienzugehörigkeiten, Wohnorte, das alles sind erst einmal Gegebenheiten, die »so sind, wie sie sind«. Durch unreflektiertes »Dagegensein« allein werden wir die Dinge wohl kaum ändern können, sondern eher noch ihren Widerstand herausfordern. Vielleicht ist eines der großen Geheimnisse der Welt in jener Liebe zu finden, die das Leben, die alles akzeptiert, wie es ist.

Indem Sie die Dinge akzeptieren, wie sie sind, zumindest sie tolerieren, kommen Sie von der Toleranz zur Akzeptanz und von der Akzeptanz letztendlich zur Liebe. Liebe aber ist eine durchdringende Kraft, die alles wandeln kann: Liebt man etwas, wie es ist, und es ist schlecht, wird es sich wandeln. Liebt man etwas, wie es ist, und es ist gut, wird es durch die Liebe noch besser werden. Alles ist, wie es ist – eine mittlerweile verstorbene liebe Freundin, die Sängerin und Dichterin Ruth Hayden-Harless aus Marquartstein, fasste es in folgende Worte:

»Wie es ist, ist es gut.
Sei bloß auf der Hut.
Der liebe Gott weiß, was er tut,
doch der Mensch glaubet ihm nicht,
zieht ein gescheites Gesicht.
Eh sich Menschen versahen,
hat der liebe Gott bereits alles getan.«

Philosophie der Gelassenheit

Aus Sicht der Unendlichkeit Gottes, des *Einen*, gibt es keine bösen und keine guten Erfahrungen, es gibt nur Erfahrungen, die zu Erkenntnissen führen können, dann, wenn wir diese Erfahrungen voll und ganz bejahen, wie unangenehm oder angenehm sie sein können. Wir können die schwierigen Erfahrungen wie die angenehmen umsetzen in heilende und Weisheit spendende Erkenntnisse.

Jede Herausforderung des Lebens, ob sie nun »Schlaraffen-« oder »Kummerland« heißt, gebiert ihre eigene Antwort durch uns. Nach dem Gesetz der Entsprechung kann es keine Erfahrung geben, für die nicht in uns und durch uns eine entsprechende Antwort zur Verfügung stehen würde.

Das große Kartenspiel des Lebens beschränkt sich nicht darauf, nur eine Farbe auszuspielen, nur Kreuz oder nur Pik. Wo Pik gespielt wird, antworten wir mit Pik, wo ein Kreuz getragen werden muss, haben auch wir ein Kreuz vorzuweisen, wir können jedoch auch mit Herz aufwarten. Und zwar im Privatleben wie im Beruf.

Die »Philosophie der Gelassenheit« bringt uns mit dem Thema der Weisheit* in Berührung. Die Griechen der Antike personifizierten die großen kosmischen Tugenden, und so stand bei ihnen die Göttin Sophía als die große Mutter der Weisheit für dieses Thema.

Eine Philosophie der Gelassenheit ist das Bestreben, in jedem und allem, was uns begegnet, einen größeren Sinnzusammenhang zu sehen und uns darin einzuflechten. Also – wie im vorangegangenen Ab-

* Gr. *philosophía* = »Liebe zur Gelehrsamkeit, den Wissenschaften etc.«; *philósophos* = »Freund der Weisheit«; *phílos* = »liebend; Freund«; *sophía* = »Weisheit«.

schnitt beschrieben – unser Dasein prinzipiell zu nehmen, »wie es ist«. Wir erlauben dem Leben, zu uns zu sprechen. Wir erkennen die Botschaften, die es uns gibt. Wir bringen uns geschickt in die Zeit ein. Wir beginnen, unser Leben zu einem Kunstwerk zu gestalten.

Metaphysiker sagen, dass Liebe und Weisheit das Einzige sind, was wir als Seele nach dem Ablegen des physischen Körpers mitnehmen können. Alles andere müssen wir loslassen, unser Haus, unsere Versicherungen, unsere Titel und Urkunden, unsere Errungenschaften. Liebe und Weisheit aber sind Qualitäten, die uns auch in der Ewigkeit verbleiben. Wer zu Liebe und Weisheit geworden *ist*, der navigiert gelassen im Strom der Zeit. Da ist nichts, was es zu fürchten, und nichts, was es zu vermeiden gäbe. Dies zu leben, ist eine Philosophie der Gelassenheit im Sinne von »sich selbst lassen«. Was immer durch uns gelebt werden will, kann in die Zeit gelassen werden.

Religion als individuelles Erleben

Man hat die Religion institutionalisiert, doch ich glaube, eine allein nach starren Vorschriften und unhinterfragten Dogmen praktizierte Gläubigkeit ist noch keine Religion; sie kann im besten Falle »ein Weg zum Weg« der Religion sein. Die Religion ist ein Pfad, den jeder individuell gehen muss. Religion, die Zurückverbindung zu Gott*, kann letztendlich nur der Einzelne sich selbst zuführen.

Eine institutionalisierte Religion kann ein mystisches oder gar religiöses Empfinden anregen, doch die Erfahrung ist immer individuell. Zusätzlich zu der Erfahrung, die wir als inkarnierter Mensch machen, wenn wir die Verbindung mit dem Geist suchen – sei es in Gebeten, Meditationen, Anrufungen oder mithilfe eines Priesters, Gurus, Therapeuten –, gibt es jene Erfahrung, was es bedeutet, sich mit der Erde rückzuverbinden, unserer »Großen Mutter«, der wir entstammen.

Solange wir noch keine Rückverbindung zu unserem Selbst gefunden haben, mag da die Angst vor dem Tod und vor dem Jenseits sein, die Frage nach dem Paradies und unserem Schicksal u.dgl.m., die uns an der Entwicklung echter Gelassenheit hindern. Wenn wir aber erst einmal unseren Ursprung gefunden haben, dann können wir wirklich gelassen sein.

Obwohl wir alle gleichen Ursprungs sind, ist jede Rückverbindung individuell, eben weil wir selbst einzigartig sind. Religion ist unsere Suche als »Unikat« in dem Wissen, dass wir mit allem verbunden sind. Sie ist die Endstation aller Gelassenheit, so wie ein großer Mystiker es einmal gesagt hat: »Gut ist, worin ich mich lösen kann.«

In Rückverbindung zu dem *Einen*, dem Ursprung, der Quelle, können wir Gelassenheit entwickeln, dort und nur dort finden wir jene Quelle der Gelassenheit.

* Lat. *religare* = »zurück(ver)binden«.

Doch da dürfen wir nicht stehen bleiben – die Reise geht weiter. Haben wir erst einmal den Quell der Gelassenheit in uns entdeckt, geht unser Wirken wieder hinein in die Gesellschaft, in das Leben, das wir führen als Geschäftsmann, Hausfrau, Managerin oder Buchhalter. Wo immer wir sind, sollten wir diese Rückverbindung hineinbringen und dadurch unsere Mitmenschen daran erinnern, auch ihre individuelle Rückverbindung – die *religio* – in ihren Alltag hineinzutragen.

So ist eine Religion der Gelassenheit letztlich eine Rückverbindung zum gesamten Universum mit einer »Quellbewusstheit«, die zur Mitverantwortung für diesen Planeten als Teil eines größeren Ganzen führt.

Wenn manche Autoren uns weismachen wollen, Außerirdische seien die Schöpfergötter unserer »Körperfahrzeuge« gewesen, und Bücher über »Ufos«, den »Photonenring« und »Prophezeiungen zur Zeitenwende« erscheinen, dann dürfen wir auch diese Entwicklung mit Gelassenheit betrachten. Da wir jenes Quellbewusstsein des *Einen* in uns tragen, können wir uns erinnern, dass auch die »Außerirdischen«, sollten sie unsere Körper tatsächlich geschaffen haben, irgendeinen Schöpfer haben müssen, der sie geschaffen hat. Durch die Anrufung der »Ich-bin-Gegenwart« wenden wir uns gleich an den Firmeninhaber, statt uns mit der zweiten Managementebene herumzuschlagen. Indem wir uns mit unserem »großen Bruder«, der jenseits aller Zeit wirkt, verbinden, sind wir automatisch eingestimmt auf die Veränderungen, die er für irgendwann einmal selbst angekündigt hat.

Dadurch, dass wir dem folgen, was aus dem tiefsten Inneren für uns stimmt, und ständig bereit sind zu lernen, offenbaren wir die Unschuld unseres Herzens, die jedem Gericht der Welt und aller Welten standhalten kann. Als Vergegenwärtigung dieser Tatsache hat mir ein Gebet von Mutter Mirra Alfassa* besonders gut gefallen, das ich wie folgt sinngemäß wiedergeben möchte:

»Himmlischer Vater,
Gott der Güte und der Barmherzigkeit,
der du bist im Himmel und in mir
und der du wirkst durch mich als Ich:

Durchdringe mich aus deiner Mitte, die *ich bin*.
Durchdringe diese Denkvorgänge, die *ich bin*.
Durchdringe diese Nervenströme, die *ich bin*.
Durchdringe diese Wortartikulationen, die *ich bin*.
Durchdringe dieses Gemüt, das *ich bin*.
Durchdringe dieses Handeln, das *ich bin*.
Durchdringe diesen Körper, der *ich bin*.
Durchdringe dieses all-eine Herz, das *ich bin*.
Durchdringe diese Atome, die *ich bin*.
Durchdringe diese unterbewusste Ebene, die *ich bin*.
Durchdringe dieses Unbewusste, das *ich bin*.
Durchdringe das Reich meiner Träume, das *ich bin*.

* Nach *Mutters Agenda*, mehrere Bände und Ausgaben, 9. Oktober 1959. Von Mirra Alfassa war schon im Kapitel »Die Einbeziehung der Traumkraft« kurz die Rede.

Manifestiere deinen Willen durch die Gegenwart, die *ich bin.*
Manifestiere deine Wahrheit durch die Gegenwart, die *ich bin.*
Manifestiere deine Reinheit durch die Gegenwart, die *ich bin.*
Manifestiere deine Vollkommenheit durch die Gegenwart, die *ich bin.*
Manifestiere deine Einheit durch die Gegenwart, die *ich bin.*
Manifestiere deine Unendlichkeit durch die Gegenwart, die *ich bin.*
Manifestiere deinen Frieden durch die Gegenwart, die *ich bin.*
Manifestiere dein Dasein durch die Gegenwart, die *ich bin.*
Manifestiere dein Bewusstsein durch die Gegenwart, die *ich bin.*
Manifestiere deine Allmächtigkeit durch die Gegenwart, die *ich bin.*
Manifestiere deine Glückseligkeit durch die Gegenwart, die *ich bin.*
Manifestiere deine Kenntnis durch die Gegenwart, die *ich bin.*
Manifestiere deinen Gleichmut durch die Gegenwart, die *ich bin.*
Manifestiere deine Intensität durch die Gegenwart, die *ich bin.*
Manifestiere dein Licht durch die Gegenwart, die *ich bin.*

Manifestiere deine Harmonie durch die Gegenwart, die *ich bin*.
Manifestiere deine Allbarmherzigkeit durch die Gegenwart, die *ich bin*.
Manifestiere deine Schönheit durch die Gegenwart, die *ich bin*.
Manifestiere deine Liebe durch die Gegenwart, die *ich bin*.
Manifestiere deinen Sieg durch die Gegenwart, die *ich bin*.

Om, mein sanfter Herr in mir, mein wohlgeliebter. Amen.«

Der Mensch als mikrokosmische Einheit innerhalb von kaum fassbarer Unendlichkeit

Wir wirken immer – egal, wie. Und wir wirken immer innerhalb größerer und kleinerer Systeme. Alles, was wir denken, tun und handeln, beeinflusst unsere Atome, Moleküle, Organe, unseren Stoffwechsel usw. Es ist so, dass wir durch unser »Sosein« den Mikrokosmos beeinflussen. Auf der anderen Seite sind wir eingebettet in ein makrokosmisches System. Jeder Mensch, wie er auch ist, kann zur Heilung seines Systems, in dem er wirkt und lebt, beitragen, zur Harmonisierung seiner Familie, seiner Freunde, seines Dorfes, seiner Region, seines Landes.

Nicht die Gewaltigsten und Größten tragen am meisten zum Wohle des Ganzen bei, sondern das Kollektiv durch jene, die ihren Platz in der rechten Form ausfüllen – mehr ist nicht zu tun. Begreifen wir uns als einen Bestandteil, der zur rechten Zeit am rechten Platz das Rechte tut, tragen wir damit zur Heilung dieses Planeten bei.

»Fühlst du zu Großem dich berufen,
dann fange bei dem Kleinen an,
kein Mensch erklomm die letzten Stufen,
der nicht die ersten hat getan.
Lässt dich der Höchste dann erhebend
erkennen, dass du göttlich bist,
erfühlst du, was es heißt, zu leben,
und weißt, was wahre Größe ist.«

Nach Gano Yah

LESERSERVICE

Kurt Tepperwein persönlich oder in einem Heimseminar erleben!

Wünschen Sie tiefer in das Thema dieses Buches einzusteigen, dann empfehlen wir Ihnen, die folgende Chance zu nutzen:

Gewünschtes bitte ankreuzen!

Seminare/Ausbildung:

☐ Motivationsseminare mit verschiedenen Themen (Tagesseminare)
☐ Ausbildung zum Dipl. Lebensberater/in

Ausbildungen mit Felix Aeschbacher (Lehrbeauftragter v. K. Tepperwein):

☐ Dipl. Mental-Trainer/in
☐ Dipl. Bewusstseins-Trainer/in
☐ Dipl. Intuitions-Trainer/in
☐ Dipl. Seminarleiter/in
☐ Meditations-Trainer/in (Zertifikat)

Heimstudienlehrgänge:

☐ Einführungslehrgang »Die 7 Schritte zur Erfolgspersönlichkeit«
☐ Dipl. Lebensberater/in
☐ Dipl. Mental-Trainer/in
☐ Dipl. Intuitions-Trainer/in
☐ Dipl. Seminar-Leiter/in
☐ Dipl. Erfolgs-Coach/in
☐ Dipl. Gesundheits- + Ernährungs-Berater/in
☐ Dipl. Partnerschafts-Mentor/in

Gesamtprogramme:

☐ Gesamtseminar- und Ausbildungsprogramm IAW
☐ Neuheiten der Bücher, CD und DVD-Programme von Kurt Tepperwein
☐ Gesundheitsprodukte-Programm

Dazu ein persönliches Geschenk:

☐ Die 20-seitige Broschüre »Praktisches Wissen kurz gefasst« von Kurt Tepperwein

Sie erhalten Ihre gewünschten Informationen selbstverständlich kostenlos und unverbindlich

Internationale Akademie der Wissenschaften (IAW)

St. Markusgasse 11, FL-9490 Vaduz
Tel. 0 04 23 2 33 12 Fax 0 04 23 2 33 12 14
Deutschland Tel. + Fax 09 11 69 92 47 (Beratungssekretariat)
E-Mail: go@iadw.com Internet: www.iadw.com

Heile dich selbst!

A. E. Röcker, 21768
Das Geheimnis der Selbstheilungskräfte

Kurt Tepperwein, 21769
Selbstheilungskräfte aktivieren

Edward Bach, 14150
Heile dich selbst

I. Kraaz/W. v. Rohr, 21787
Die richtige Schwingung heilt

GOLDMANN
ARKANA